DER LECH
IM GEBIRGE 2

Flug über Weltmeere
– eine geologische Bildergeschichte

Vorwort

Inmitten der majestätischen Alpenlandschaft, wo die sanften Hügel der Voralpen auf die kraftvollen Strömungen des Lech treffen, entfaltet sich eine einzigartige Natur- und Kulturlandschaft. Dieses Buch lädt Sie ein, die faszinierende Reise des Lech zu entdecken – von seinen antiken Ursprüngen bis zu seiner heutigen Rolle als letzte Wildflusslandschaft.

Die Sektion Füssen des Deutschen Alpenvereins hat sich der Bewahrung und Wertschätzung dieser einzigartigen Natur gewidmet. Als „Lechstädter" fühlen wir uns nicht nur der Schönheit dieser Landschaft verpflichtet, sondern auch der Verantwortung, sie für zukünftige Generationen zu schützen. Der Lech ist mehr als nur ein Fluss: Er ist ein Geschichtenerzähler und ein Symbol für die ungebändigte Kraft der Natur.

Möge dieses Werk dazu anregen, die Schönheit des Lech zu schätzen und sich für seinen Erhalt einzusetzen. Wir wünschen Ihnen eine inspirierende Lektüre und hoffen, dass Sie die Leidenschaft für diesen einzigartigen Fluss mit uns teilen.

1. Vorsitzender		2. Vorsitzender
Peter Gerber	SEKTION FÜSSEN	Peter Ziegler

Herausgeber: Deutscher Alpenverein – Sektion Füssen

Peter Nasemann,
geboren in Füssen – direkt am Lech in Bayern –
war Gymnasiallehrer für Geografie und Sport.
Der Lech ist seit seiner Kindheit sein ständiger Begleiter.
Zahlreicher Bücher, Veröffentlichungen und Vorträge
des Autors beschäftigen sich mit geografischen
und geologischen Themen im Allgäu und im Außerfern.

Der Lech im Gebirge, eine außergewöhnliche Landschaft

Was ist eigentlich Landschaft? Der „Begriff „Landschaft" setzt sich zusammen aus dem germanischen „land", was „freies Land, Rodungsland" bedeutet und „schaft", das aus einer indogermanischen Wurzel „schaffen" bedeuten könnte. Dies würde bereits ein Hinweis auf menschliche Tätigkeit erlauben.

Der Europarat hat im Jahr 2000 in der Landschaftkonvention im Artikel 1 Landschaft definiert: „Landschaft ist ein von Menschen als solches wahrgenommenes Gebiet, dessen Charakter das Ergebnis des Wirkens und Zusammenwirkens natürlicher und/oder menschlicher Faktoren ist". Nicht alle Staaten – auch nicht Deutschland – stimmen dieser Definition zu.

Tatsache ist, es gibt keine einheitliche Definition. Der allgemein von allen als selbstverständlich benutzte Begriff „Landschaft" ist schwer zu fassen. Landschaft hat naturwissenschaftliche, ästhetische, geographische, archäologische, historische oder ökonomische Bezüge.

Und – jeder hat seine eigene Landschaft.

In diesem Buch erleben Sie den Blick eines Geografen auf die Landschaft am Lech. Die Menschen haben hier seit der Steinzeit „Land geschaffen". Die Natur und der Mensch prägen diese Landschaft. Sie ist ein Natur- und Kulturerbe, das wir sorgsam weiterentwickeln müssen.

Blick von Osten auf die Stadt Füssen.
Am linken Bildrand der Alp- und Schwansee, in der Bildmitte mündet der Füssener Lech in den Forggensee, in der rechten oberen Bildhälfte der Hopfen- und Weißensee.

Im ersten Band „Der Lech im Gebirge 1“ erzählen Lechkiesel eine geologische Heimatgeschichte. Auf dieser Grundlage erweitert dieser zweite Band „Der Lech im Gebirge 2 – ein geologisches Bilderbuch“ den Blick auf diese beeindruckende Landschaft. In den einzelnen Kapiteln weist der Vermerk (siehe LB 1, Seite xxx) zum vertiefenden Verständnis auf den ersten Band hin.

Der Lech im Gebirge 1
168 Seiten
Format: 21,0 x 28,0 cm
ISBN 978-3-95551-009-1

2 Einführung

6 Flug über die Weltmeere

8 I. Der Lech im Gebirge – ein geologischer Überblick

Spezialfall Alpenentstehung

Spurensuche Otto Ampferer – ein großer Alpengeologe und das Lechtal

Die Alpen – ein Deckengebirge mit Falten

26 II. Impressionen

Der Lech im Gebirge – ein Fluss mit vielen Gesichtern

Impressionen – „Der junge Lech" im Lechquellengebirge

Impressionen – „Der Lech im oberen Lechtal"

Spurensuche Die Höhle am „Wilden Mann" – eine fast unglaubliche Geschichte

Impressionen – „Der Lech im mittleren Lechtal"

Spurensuche „s'Kuchahündle" auf der Stablalm

Impressionen – „Ohne Berge keine Täler"

Impressionen – „Der letzte Wilde" bei Forchach

Impressionen – „Der Lech an der Grenze"

Spurensuche „Schwarze Dolomite" – zu Stein gewordene Kiesbänke

Impressionen – „Der neue Lech" ab Füssen

Impressionen – Der bayerische Lech noch ein Fluss?

50 III. Der Wildfluss Lech – im unteren Lechtal

Die Umlagerungsstrecke des Lech – ein funktionierendes System

Der Lech bei Forchach – ein „Aue-Hotspot"

Hochwasser erwünscht

Spurensuche Rippelmarken – das Gedächtnis der Strömung

62 IV. Der Lech im Reuttener Talkessel

Die Berge „stehen auf dem Kopf"

Spurensuche Der „Triadischer Dreiklang"

Das Hornbergl am Hahnenkamm – ein Berg zerlegt sich

Designer Eis – im Reuttener Talkessel

Der Plansee – ein eiszeitlicher Fjord in den Bergen

Der Reuttener Talkessel im Wandel

82 V. Der Lech an der Grenze

Der Lech an der Grenze – Wandel einer Landschaft

Geologischen Phänomenen verdankt Füssen seine besondere Lage

Die Stadtpfarrkirche und Kloster St. Mang – die geologische Vergangenheit wird lebendig

110 *VI. Der Lech in der Füssener Bucht*

Erbe der Eiszeit
Füssener Seen
Rundhöcker Bullachberg
Geologische Besonderheiten am Alpsee
Eiszerfallslandschaft Bannwaldsee
Geologische Besonderheiten am Alpsee
Spurensuche Königliche Landschaft am Alpsee
Eiszeitformen im Füssener Land
Eiszerfallslandschaft zwischen Weißensee und Pfronten-Kreuzegg
Eiszerfallslandschaft im Naturschutzgebiet Bannwaldsee
Drumlins
Spurensuche Der Hergratsrieder See – ein „Auge Gottes"
Spurensuche Schieferkohle am Pfefferbichl – ein Stück Zeitgeschichte
Kalkmagerrasen
Spurensuche Die Kalktuffquellen an der Petershalde
Kalkmoorquellen am Bannwaldsee
Spurensuche „Zaunkultur" im Naturschutzgebiet Bannwaldsee
Birnbaumer Filz
Vom „Flößerdorf am Lech" zu „Lechbruck am See"
Wandel einer Landschaft
Spurensuche Der Mensch als Landschaftsgestalter

146 *VII. Der Halblech – der kleine Bruder des Lech*

Geologie und Eiszeit im Halblechtal
Spurensuche Marmorabbau im Lobental
Der Halblech – Wandel einer Flusslandschaft
Sanierung im Vorland
Sanierung im Halblechtal
Situation heute
Mündung des Halblech in den Premer Stausee

158 *VIII. Schluchten am Lech*

Schluchten – ursprüngliche Natur
Spurensuche Der Weg der bunten Steine
Der Alperschonbach in der Madau – das volle Programm
Spurensuche Blockgletscher auf den Knappenböden
Der Hornbach – eine Schlucht in den Allgäuschichten
Der Zwieselbach – eine wilde Schlucht im Hauptdolomit
Die Schluchten in der Bleckenau
Spurensuche Pöllat oder Bellat?
Der Röthenbach – eine Schlucht im Flysch
Die Illasbergbergschlucht – eine versunkene Schlucht in der Molasse
Die Schlucht am Halblech

Grubachspitze
Hochvogel
Krinnenspitze
Gehrenspitze
Gaichtspitze
Hahnenkamm
Schneid

Flug über die Weltmeere

Für einen begeisterten Gleitschirmflieger sind Flüge in den Allgäuer- und Lechtaler Bergen immer ein besonderes Erlebnis. Ich genieße mit großer Demut diese Flüge entlang des „Lech im Gebirge", da mir neben der fliegerischen Herausforderung aus dieser Perspektive die geologischen Dimensionen bewusst werden.

Die Berge scheinen ewig und unverrückbar, doch ewig ist nur ihr stetiger Wandel. Mit ihren unterschiedlichen Gesteinen sind sie lebendige Archive. Und – Gleitschirmflüge über die Berge am Lech sind auch Flüge über die Weltmeere.

Der Gipfel der Gehrenspitze aus Wettersteinkalk war ehemals ein tropisches Riff wie heute die Malediven. Der schroffe Gipfel der Schneid besteht aus Radiolariten. Ein Gestein, das sich heute noch in Tiefseerinnen im Atlantik bildet. Die Gipfelhaube des Hahnenkamms aus Muschelkalk entstand aus Ablagerungen in den seichten Meeresbecken vor den Wettersteinkalkriffen. Die Hauptdolomitberge, im Hintergrund Krinnenspitze und Grubachspitze, sind ehemalige subtropische Wattflächen. Aktuell entstehen solche Gesteine im Persischen Golf. Die weiten Alpweiden am Hahnenkamm unterhalb des Grates von der Gehrenspitze bis zur Gaichtspitze entstanden aus den tonreichen Gesteinen der Allgäuschichten. Diese Gesteine bilden sich heute in Meeresbecken, die mit Teilen des Mittelmeers vergleichbar sind.

Der Lech im Gebirge

– ein geologischer Überblick

Der Blick vom Gleitschirm auf den Lech im Gebirge ist faszinierend. In der linken Bildhälfte liegt der Reuttener Talkessel, in der Bildmitte die Pinswanger Umlagerungsstrecke. Am rechten Bildrand verlässt der Lech in Füssen das kalkalpine Gebirge. Die in Decken und Falten übereinander geschobenen Berge mit ihren Tälern ähneln einem abgelegten groben Bauernkittel.

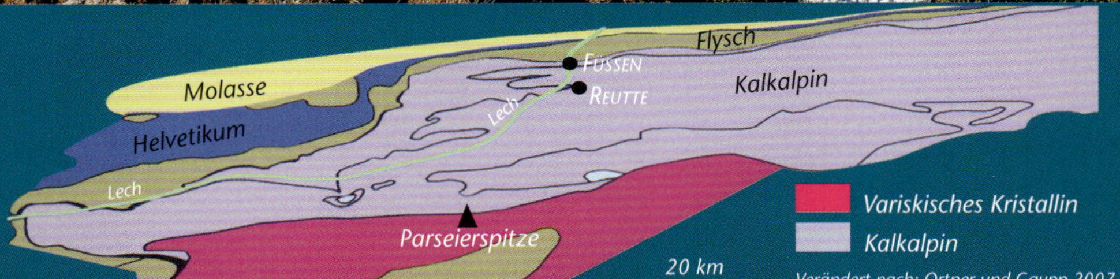

Verändert nach: Ortner und Gaupp 2007

Aus großer Höhe schweift der Blick über die tektonischen Einheiten Kalkalpin, Flysch, Helvetikum und Molasse. Durch eine „Laune" der Natur verlässt der Lech hier spektakulär das kalkalpine Hochgebirge. Die sonst am Alpenrand typischen Vorberge verschwinden in der Füssener Bucht weitestgehend im Untergrund. Am Ende des Forggensees begrenzt der Molasseriegel der Murnauer Mulde die Füssener Bucht. Vielfalt und Reiz dieser außergewöhnlichen Landschaft wurden vor allem von den inneren und äußeren Kräften der Erde geprägt. Die verschiedenen Gesteine mit ihrer bunten Lebensgeschichte bestimmen die Grundstruktur; gleichsam veredelt wurde sie vom fließenden Wasser – vom Lechgletscher und vom Lech. Dieser Teil der Nördlichen Kalkalpen gehört zu den tektonisch und geologisch komplizierten Gebieten der Erde. Ein kurzer geologischer Überblick erleichtert das Eintauchen in diese faszinierende Welt (s. LB 1, Seite 22 ff.).

Spezialfall „Alpenentstehung“

Seit der Entstehung der Erde vor rund 4,6 Mrd. Jahren wird die Erdkruste durch strömendes Magma tektonisch bewegt und durch Bewegungen von Platten das Antlitz der Erde ständig verändert. Die Entstehung der Alpen ist in diesem Spiel ein Spezialfall.

Die Vorgeschichte

In der Karbonzeit, vor rund 350 - 300 Mio. Jahren, kollidierten die Kontinente Laurasia und Gondwana. Der Superkontinent Pangäa mit dem Variskischen Gebirge entstand. Dieses Gebirge bildet heute das Grundgebirge in den Alpen. Pangäa war von einem einzigen Ozean (Panthalassa) umgeben. In einer Ausbuchtung zwischen dem späteren Europa und Afrika, auf der Höhe des Äquators, breitete sich das Tethysmeer aus. In diesem Meer, das sich im Laufe der Jahrmillionen ständig veränderte, begann die Geschichte der Alpenentstehung.

Erdgeschichte im Zeitraffer

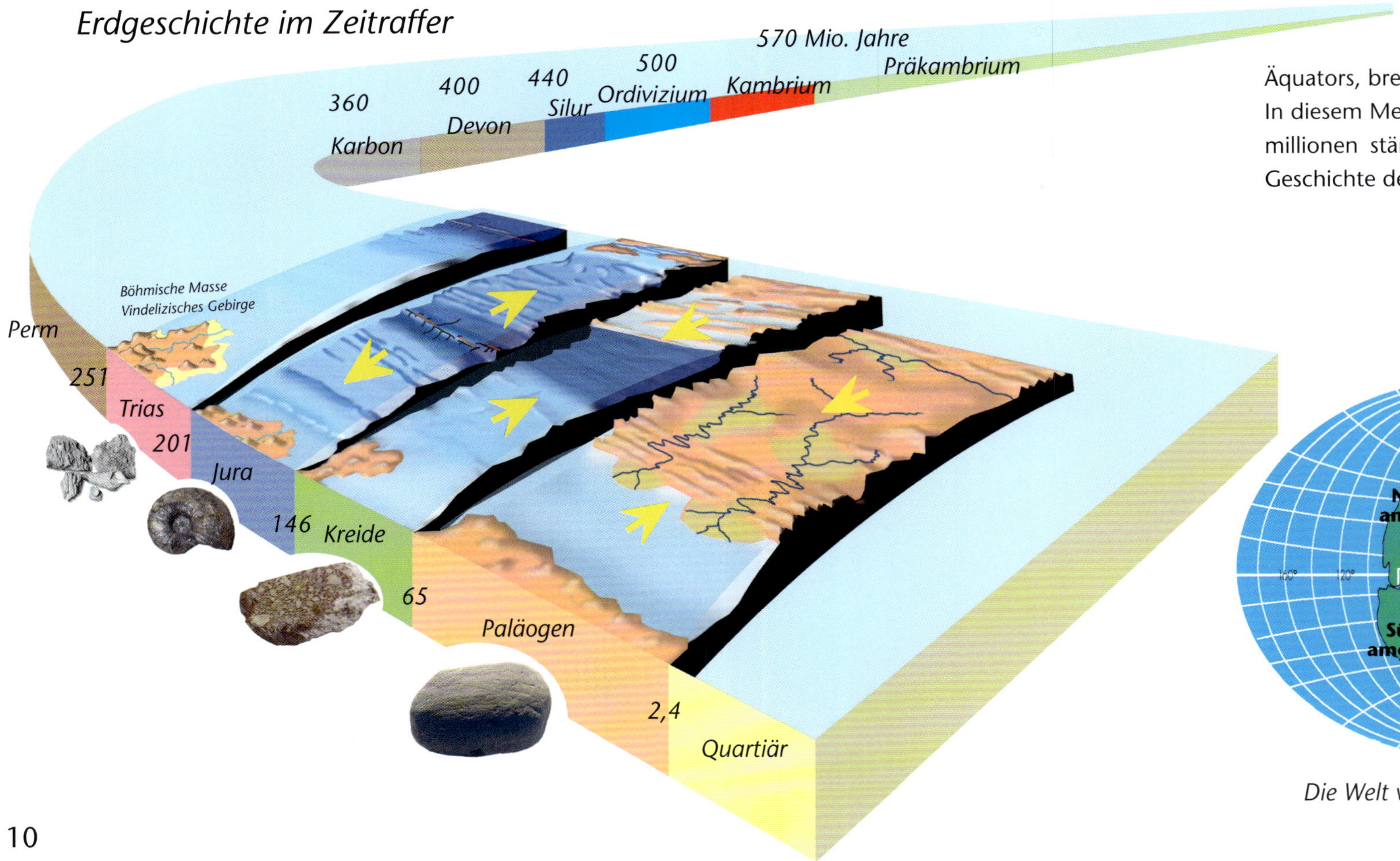

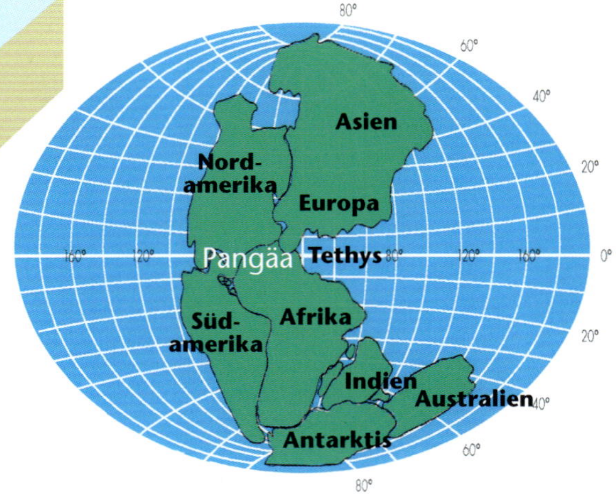

Die Welt vor 251 Millionen Jahren.

Der Beginn im Erdmittelalter (Mesozoikum)

In der Permzeit begann die Erdkruste einzusinken. Am Anfang der Triaszeit vor rund 251 Mio. Jahren tauchte dann die Landfläche unter den Meeresspiegel. Der Superkontinent Pangäa brach durch ständige Konvektionsströme wieder auf. Die adriatische Platte trennte sich von Afrika. Weite tropische Schelfmeere wurden geflutet. Die Gesteine, die zu dieser Platte mit ihrem Kontinentalschelf gehörten, sind heute in den Bergen entlang des Lech in Decken und Falten verbaut.

Hier wurden über Jahrmillionen während der Triaszeit die Sedimente abgelagert. Der Kalkschlamm auf den Wattflächen wurde oft in Hauptdolomit umgewandelt. Den Übergang zum offenen Meer hin säumten Riffe (Wettersteinkalk) und mit den Riffen engverzahnte flache Becken (Partnachschichten). Bisweilen wurden Meeresbuchten abgeschnürt (Raibler Schichten). An küstennahen Bereichen entstanden die Kössener Schichten. Immerhin 10 cm pro 1000 Jahren senkte sich in den letzten 20 Mio. Jahren der Triaszeit das Land und wurde gleichzeitig aufgefüllt. Dies erklärt die unterschiedlichen Gesteinsarten, die in Decken geschoben die komplizierte Vielfalt der Berge am Lech bilden.

Blick auf die Hauptdolomitberge im unteren Lechtal. Im Vordergrund rechts Klimmspitze, links davon das Hornbachtal, im Hintergrund tritt der Lech ins Vorland aus. Während der Triaszeit bildeten sich über 50 Millionen Jahre die bis zu 3000 m mächtigen Kalk- und Dolomitgesteine. Aus diesen wurden später Teile der Nördlichen Kalkalpen. Sedimente lagerten sich in den seichten Meeresbecken ab, die gleichzeitig weiter absanken. Die Ablagerung hielt mit der langsamen Absenkung Schritt (s. LB 1, S. 47 ff.).

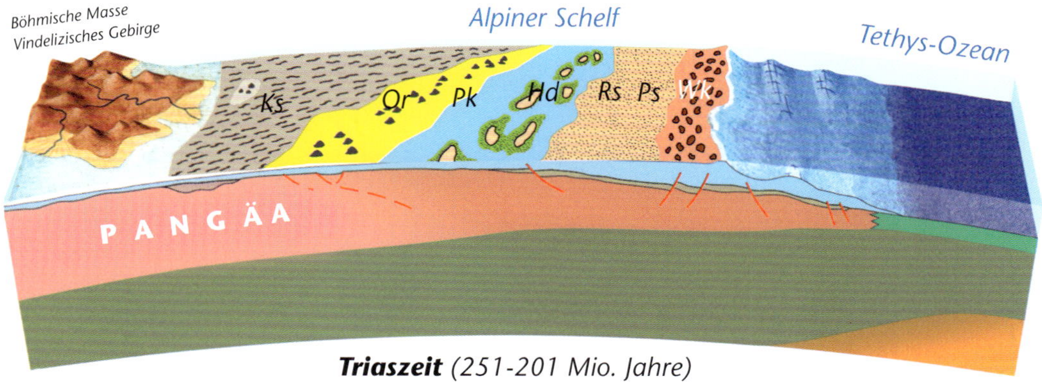

***Triaszeit** (251-201 Mio. Jahre)*

Ks = Kössener Schichten
Or = Oberrhätkalk
Pk = Plattenkalk
Hd = Hauptdolomit
Rs = Raibler Schichten
Ps = Partnachschichten
Wk = Wettersteinkalk

aus: Rocky Austria, 2013

In der Jurazeit, vor rund 200 Mio. Jahren, begann der Superkontinent wie eine Glasplatte zu zerbrechen. Erste Spuren des Zentralatlantiks wurden sichtbar. Der Zentralatlantik öffnete sich. Dort, wo später die Alpen entstehen sollen, bildete sich der Penninische Ozean, der auch als „alpine Tethys" bezeichnet wird. Dieser Penninische Ozean war in verschiedene Ozeanbecken mit dazwischen liegenden Schwellen gegliedert. Im Norden am europäischen Kontinentalrand breitete sich das eurasische Schelfmeer (Helvetikum) aus. Im Südosten des penninischen Meeres lag die adriatische Platte. Diese driftete nach Süden, die Karbonatplattform zerbrach: Verschiedene Becken entstanden, die durch seichte Schwellen begrenzt wurden. In den tieferen Becken lagerten sich die Sedimente der späteren Allgäuschichten und an den Schwellen die Bunten Jurakalke ab. Erstere bilden die Grundlage für einen besonderen Teil der Lechtaler und Allgäuer Alpen, die Grasberge. Die Bunten Jurakalke wie etwa an der „Roten Wand" am Füssener Lech lieferten über Jahrhunderte den geschätzten Farbmarmor (s. LB 1, S. 54 ff.).

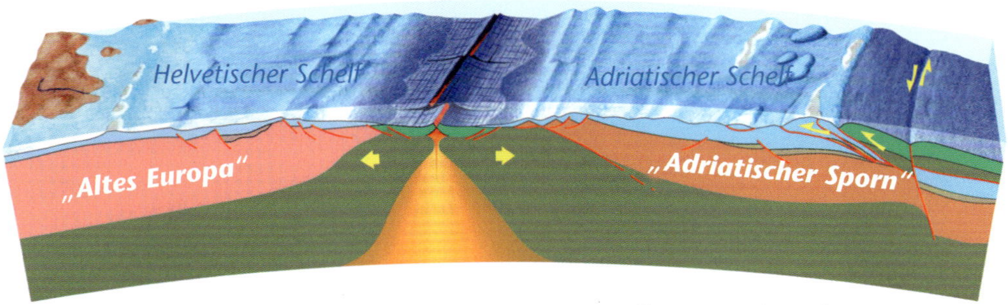

Späte Jurazeit *(vor rund 148 Millionen Jahren)*

aus: Rocky Austria, 2013

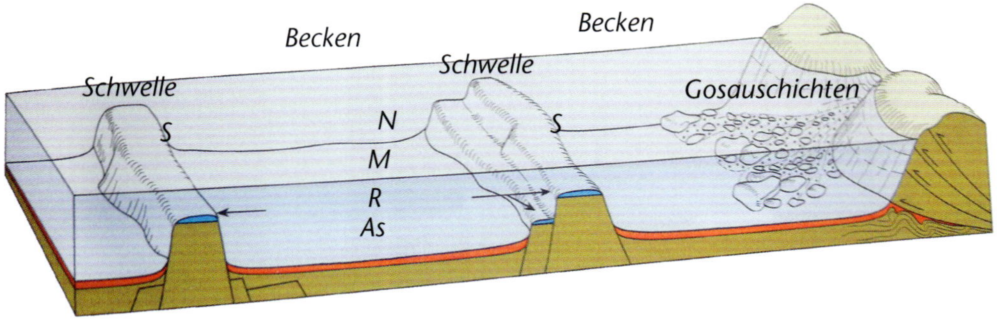

S = Bunter Jura-Schwellenkalke
As = Allgäuschichten
R = Radiolarite

M = Malm-Aptychenschichten
N = Neokom-Aptychenschichten

aus: Hundert Meisterwerke, 2012

Beginn Kreidezeit *(vor rund 110 Mio. Jahre)*

Blick von Westen auf die Lechschlucht zwischen Warth und Steeg. Links der Biberkopf (2599 m) und die Ortschaft Lechleiten, rechts die Höllspitze (2362 m).

Die erste Phase der Gebirgsbildung

Die große Wende kam in der Kreidezeit. Vor rund 120 Mio. Jahren begann der Südkontinent Gondwana zu zerbrechen. Südamerika, Antarktis, Madagaskar und Indien spalteten sich ab. Vor 100 Millionen Jahren öffnete sich der Südatlantik. Afrika und die vorgelagerte adriatische Platte nahmen Kurs in Richtung Europa. Die erste Phase der Gebirgsbildung wurde eingeläutet.

Am Randbereich entstand eine Tiefseerinne. Der dort abgelagerte Kalkschlamm wurde zu Aptychenschichten (Ammergauer Schichten) und Radiolariten verfestigt. Sie bilden die grünen, steilen Berggipfel wie die Höfats, Jöchlspitze, Rothorn oder die Pfeilspitze am Eingang zum Bschlaber Tal. Und der Radiolarit war der Werkzeug- und Waffenstein der steinzeitlichen Jäger (s. LB 1, S. 52).

Diese Gesteine des Deckenstapels waren sofort der Erosion ausgesetzt. Der Abtragungsschutt der im Werden befindlichen Alpen wurde in dieser Rinne abgelagert und wieder zu Brekzien verbacken. Die Branderfleckschichten (Benkener Marmor) erzählen diese Geschichte. Gerölle aus den aufsteigenden Alpen wurden von Flüssen im Mündungsbereich in großen Deltas abgelagert. Plötzlich, vielleicht ausgelöst von Erdbeben, stürzten diese Sedimente in gewaltigen Schlammlawinen rasend schnell und Hunderte Kilometer weit den Kontinentalhang hinab. Diese Trübeströme (Turbidite) wurden als Flysch abgelagert. Am Mackenzie in Kanada oder an der Kongomündung kann dieses Phänomen aktuell beobachtet werden. Die Flyschgesteine wurden in der zweiten Phase der Gebirgsbildung auch in Decken übereinander geschoben. Sie bilden heute die Flyschberge vor den „kalkalpinen"

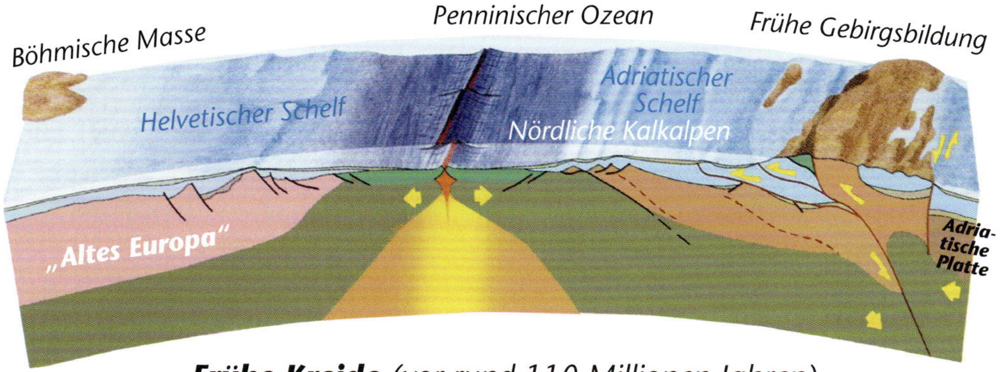

Frühe Kreide *(vor rund 110 Millionen Jahren)*

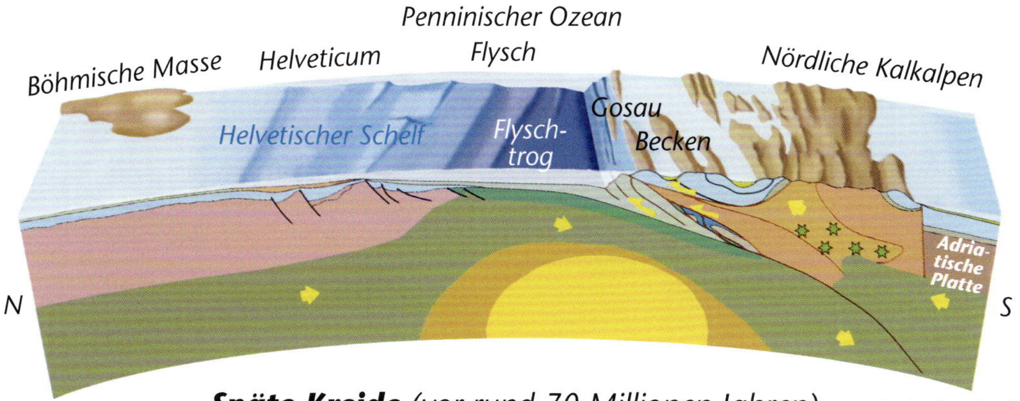

Späte Kreide *(vor rund 70 Millionen Jahren)* *aus: Rocky Austria, 2013*

Die Adriatische Platte kollidierte mit der eurasischen Platte. Durch diese Subduktion begann sich der adriatische Mikrokontinent mit dem eurasischen zu verkeilen. Die eurasische Platte wurde unter die adriatische gezogen (subduziert). Sie konnte aber nicht vollständig subduziert werden, da die kontinentale Platte zu leicht und zu dick dafür war. Mächtige Gesteinsdecken wurden in großer Tiefe abgeschert.

Kalkalpen". In der Füssener Bucht liegen die Berge des Helvetikums und des Flyschs weitestgehend im Untergrund. Der Lech durchbrach nur an einer Stelle einen sichtbaren Flyschriegel, der Frauenberg in Schwangau (Ortsteil Horn). Dieser kleine Inselberg war ein bedeutender Rastplatz für mittelsteinzeitliche Jäger (s. LB 1, S. 60 ff.).

Der Röthenbach im Halblechtal – eine Schlucht im Flysch.

Inseln in Kroatien, ein Beispiel für die frühe Bildung der Alpen.

Diese Hauptphase dauerte rund 50-35 Mio. Jahre. Die Struktur der späteren stolzen Alpen blieb noch im Untergrund. Vor rund 85 Mio. Jahre wurden einzelne, kleine Inseln – ähnlich wie die Inseln vor der kroatischen Küste – sichtbar. Flüsse transportierten Verwitterungsschutt in seichte Meeresarme. Dort wurden sie zu den Gosauschichten verfestigt. Heute sind sie am Muttekopf sichtbare Zeugen der ersten Phase der Gebirgsbildung.

Die zweite Phase der Gebirgsbildung im Paläogen (Tertiär)

Im Paläogen (Tertiärzeit), vor 35-30 Millionen Jahren, riss durch das „Herunterziehen" der leichteren kontinentalen Platte die schwerere ozeanische Platte ab. Sie schmolz langsam in den Erdmantel ein. Dieser Plattenriss löste ein „Hochschnellen" im Superschneckentempo aus. In der Kollisionszone begann die zweite, die eigentliche Hebungsphase der Alpen. Sie wuchsen in die Höhe. Der Deckenbau der Alpen wurde sichtbar. Seit dieser Zeit geht es mit den Bergen aufwärts. Die alpinen Decken wurden über die europäische Kontinentalplatte geschoben. Der Plattenrand wurde dadurch nach unten gedrückt. Es entstand das Molassebecken. Dieses wurde mit dem Abtragungsschutt aus den Alpen gefüllt.

In einem Wechselspiel von Hebung und Abtragung entstand die heutige Struktur der Alpen. Die Eiszeitgletscher modellierten ab etwa 2,6 Mio. Jahren ihr heutiges Gesicht.

Und die Geschichte der Entstehung der Alpen ist noch nicht abgeschlossen, Afrika und Europa bewegen sich immer noch aufeinander zu. Die Erosion arbeitet unaufhörlich an der Abtragung. Aber in einer geologisch nicht allzu fernen Zukunft werden die Alpen wieder Geschichte sein. Ein neues geologisches Kapitel wird dann aufgeschlagen (s. LB1, S. 30 ff.).

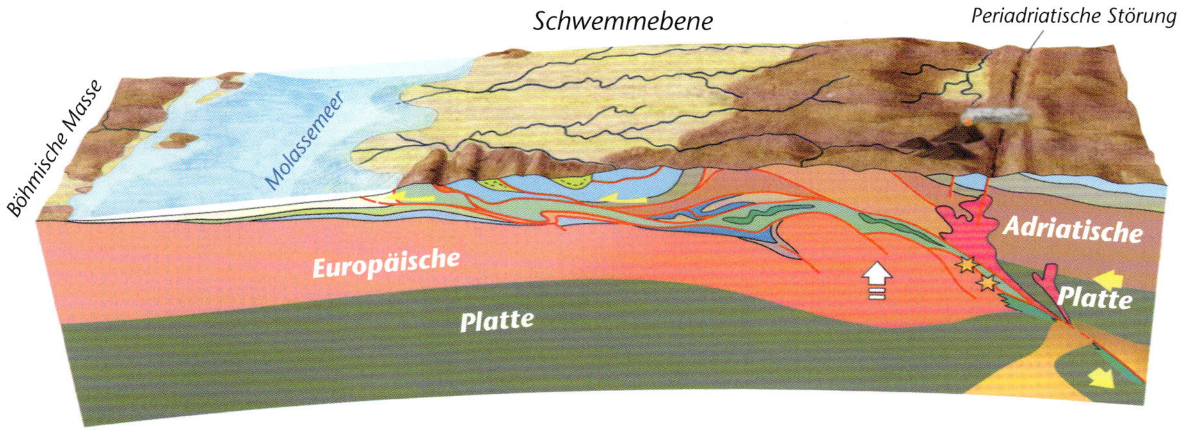

Spätes Paläogen *(vor 30 Millionen Jahren)* *aus: Rocky Austria, 2013*

Im späten Paläogen schob sich die adriatisch-afrikanische Platte über den Südrand der europäischen Kontinentalplatte. Dadurch wurde die eigentliche Hebungsphase der Alpen eingeläutet. Das Molassebecken sank im nördlichen Vorland ein. Hier lagerte sich der Abtragungsschutt aus den Alpen ab.

Blick vom Gleitschirm über den Tegelberg auf den Alp- und Schwansee, im Hintergrund der Wildfluss und die Stadt Füssen.

Otto Ampferer – ein großer Alpengeologe und das Lechtal

Otto Ampferer – der Bergsteiger

Otto Ampferer wurde am 1.12.1875 in Innsbruck geboren. Er studierte an der Universität Innsbruck Geologie. Schon nach acht Semestern beendete er 1899 das Studium mit einer Dissertation über die Geologie des südlichen Karwendelgebirges.

Seine Liebe galt den Bergen. Als Schüler und Student kletterte er jede freie Minute. Otto Ampferer gehörte zur Elite der Tiroler Kletterer. Ihm gelangen zahlreiche Erstbesteigungen im Karwendel und auch in den Lechtaler Alpen.

Eine bergsteigerische Glanzleistung war die Erstbesteigung der Guglia di Brenta in den Dolomiten über die „Ampfererwand" am 18. August 1899, am Geburtstag des Kaisers. Dieser Gipfel galt zu dieser Zeit als unbezwingbar.

Otto Ampferer – der Geologe

Nach dem tragischen Tod eines Bergkameraden beendete Otto Ampferer 1901 das extreme Bergsteigen. Mit der gleichen Leidenschaft und mit außergewöhnlichem Können stellte er sich nun der Aufgabe, als Feldgeologe neben dem Karwendelgebirge auch die Lechtaler Alpen zu erforschen. Otto Ampferer beobachtete im Karwendel, dass ältere Triasgesteine über jüngere Juragesteine geschoben wurden. Ein in den Ostalpen bis dahin unbekanntes Phänomen. 1901 veröffentlichte er die „Karwendelüberschiebung". Damit legte Ampferer den Grundstein des Deckenbaus in den westlichen Nördlichen Kalkalpen. Er unterschied die Deckeneinheiten in Allgäu-, Lechtal-, Inntal- und Krabachjochdecke.

Als er in Wien als 26 jähriger Junggeologe die Ergebnisse seiner Beobachtungen vorstellte, stimmten ihm die Vertreter der damals geltenden Kontraktionstheorie nicht zu. Er erhielt sogar den klaren Auftrag, nach der „richtigen, seligmachenden Wahrheit" zu suchen.

Unbeirrt stellte er in den folgenden Jahren die Fakten zusammen, die gegen die Kontraktionstheorie sprachen und stellte 1906 dann die Theorie der „Unterströmung" vor. Darin führt er aus, dass die obere Erdkruste mit ihrer Sedimentdecke nur sehr dünn und nachgiebig ist. Sie schwimmt gleichsam wie die Haut auf gekochter Milch auf den Gesteinsschmelzen. Diese Kruste wird durch abwärts gerichtete Magmenströme

Die stolze Pyramide der Dremelspitze (2733 m).

Eindrucksvoll ist seine Beschreibung der Erstbesteigung der Dremelspitze am 14. 6.1896: „Nun erhebt sich mit pyramidenförmigem Aufbau in rauhem Felspanzer die stolze Jungfrau dieses Bergkranzes, die Dremelspitze, wie sie in Boden allgemein genannt wird. Wenn man von Nebengipfeln und weniger bedeutenden Objekten absieht, kann man sie heute als den einzigen unbestiegenen und zugleich für unbesteiglich geltenden Berg der Lechthaler Alpen bezeichnen", (Ampferer, 1887).

mitgezogen. Dies führt zur intensiver Einengung und schließlich zur Überschiebung der Gesteinsschichten: Ein Deckengebirge entsteht.

Diese Hypothese zur Entstehung von Gebirgen war zu jener Zeit bahnbrechend, aber Jahrzehnte auch höchst umstritten. Diese Unterströmungstheorie Ampferers war auch ein Vorläufer des Erklärungsmodells der Plattentektonik. In dieser Zeit suchte der Meteorologe Alfred Wegener Erklärungen, warum die Küstenlinien Afrikas und Südamerika ähnlich sind. Wegener stellte die in der Litaratur beschriebenen Beobachtungen und Untersuchungen zusammen. Er fand viele Beweise, wie etwa die gleichen Versteinerungen von Pflanzen und Tieren, die gleichen Minerale oder Kohleflöze. Diese interpretierte er im Sinne der „Kontinentalverschiebung".
Ampferer erkannte im Karwendel und in den Lechtaler Alpen die geologisch-tektonischen Kräfte, die zur Bildung von Ozeanbecken und Deckengebirgen an den Rändern der driftenden Kontinente führen. 1941 erläuterte Ampferer in seiner Arbeit „Gedanken über das Bewegungsbild des atlantischen Raumes" die Prozesse, die heute als „Seafloor spreading" und „Subduktionszonen" selbstverständlich sind. Diese Gedanken erschienen 20 Jahre vor den irrtümlich als Entdeckern gepriesenen amerikanischen Autoren. Wenn die Geschichte der Plattentektonik erzählt wird, darf der Name des großen Alpengeologen Otto Ampferer aus Innsbruck nicht fehlen.
Otto Ampferer schuf das durch seine Exaktheit ebenso wie durch seine farbliche Schönheit und dynamische Darstellung bewundernswerte geologische Kartenwerk der Lechtaler Alpen. Diese vier Karten sind heute noch für alle geologisch Interessierten eine Quelle der Inspiration.

Vier geologische Lechtalkarten und viele geologische Profile sind heute noch die solide Arbeitsgrundlage für die geologische Forschung. Geologisches Profil der Höll- und Mittagsspitze (aus: Ampferer, 1913).

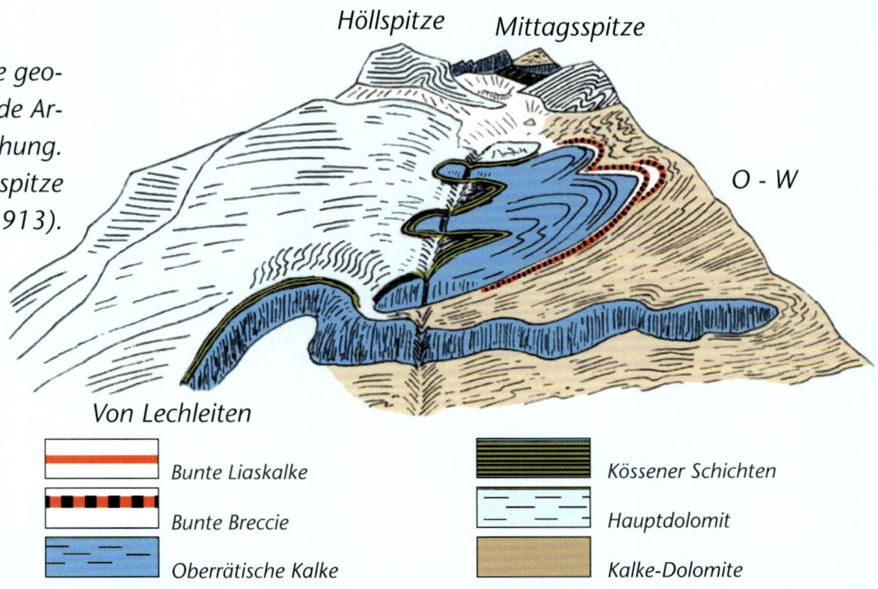

Blick vom Schrofenpass oberhalb von Lechleiten auf die Höll- und Mittagsptize.

Seine Kernaussagen über die Schichtfolge der Gesteine, deren zeitliche Abfolge und der Verlauf der Deckengrenzen beschäftigen mittlerweile schon mehrere Generationen von Geologen. Seine über Jahrzehnte heftigst abgelehnte Deckenlehre, der Schlüssel für ein neues Verständnis zur Entstehung der Alpen, wurde erst in den 1970er-Jahren endgültig anerkannt. Für die Existenz der Decken fand er in den Lechtaler- und Allgäuer Alpen eindrückliche, nachvollziehbare Beispiele, wie das von ihm beschriebene „Hornbach-" oder das „Madaufenster" (s. LB 1, S. 39 und 96).

Im Jahre 1913 schwärmte Otto Ampferer in der Zeitschrift des Deutschen und Österreichischen Alpenvereins „... die Summe seines Erlebens in den Lechtaler Alpen." „Ich habe in diesem Gebirge meine Erfüllung als Feldgeologe gefunden. So gut wie unbekannt lag das Gehege der Berge hier vor mir und ich trat ihren Geschenken mit offenen Sinnen entgegen. Ich kam nicht, um zu rauben, sondern um im Überflusse des Erkennens zu leben. Berge und Täler, ihr Zeugen meiner Freude, ihr Wohnstätten meiner Pläne und Lustbarkeiten, wie freute und freue ich mich, euch zu finden."

Otto Ampferer starb am 9.7.1947 in Innsbruck. Eine nach ihm benannte Straße und eine Gedenktafel an seinem Geburtshaus erinnern an diesen herausragenden Kletterer und überragenden Geologen. Er hat sich mit den bahnbrechenden Ergebnissen seiner Forschung in den Lechtaler Alpen ein bleibendes Denkmal gesetzt.

Madautal: Ausschnitt aus der geologischen Karte von Otto Amperer, Lechtaler Alpen, Blatt Passeier Spitze, 1932.

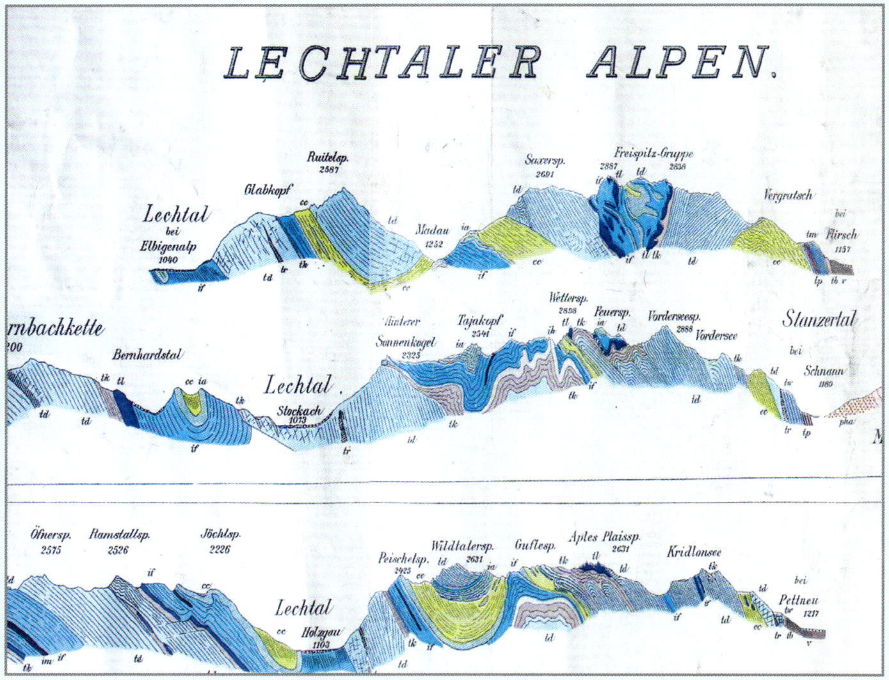

Geologisches Profil der Lechtaler Alpen. Auszug aus dem geologischen Alpenquerschnitt im Maßstab 1:75000, Otto Ampferer und W. Hammer, 1911.

Blick vom Weg zum Kriegerhorn auf die Ortschaft Lech. In diesem Bereich fand Otto Ampferer 1929 zufällig das in den Nördlichen Kalkalpen einmalige Tuffvorkommen (Melaphyre). Große Gipslöcher in den Raibler Schichten säumen den Weg (Bild unten).

„Auf diesem langen Wege waren mir viele neue Funde und Begegnungen beschieden. Ich erwähne hier nur die Entdeckung des Eruptivgebietes von Lech, des einzigen größeren Tuffvorkommens der gesamten Nordalpen. Diese Entdeckung brachte mir zugleich die Erkenntnis, wie leicht man bei der geologischen Landesaufnahme ein Vorkommen übersehen kann, das man nicht in seiner Phantasie erwartet. Ich habe auch heute an diesem Urteile nichts zu ändern. Es war eine Zeit wunderbaren geologischen Erlebens, wie ich sie nur jedem Geologen von Herzen wünschen kann."
(aus: Ampferer , 1937).

Die Alpen – ein Deckengebirge mit Falten

Die Deckenbildung ist das zentrale Element der Alpenentstehung. Die adriatische Platte, eine von Afrika abgetrennte Mikroplatte, kollidierte mit Europa. Wie in einer Schraubzwinge wurden die beiden Platten zusammengeschoben. Während die Schraubzwinge in wenigen Augenblicken festgezurrt ist, dauerte dieser Prozess in der Realität rund 50 Mio. Jahre.

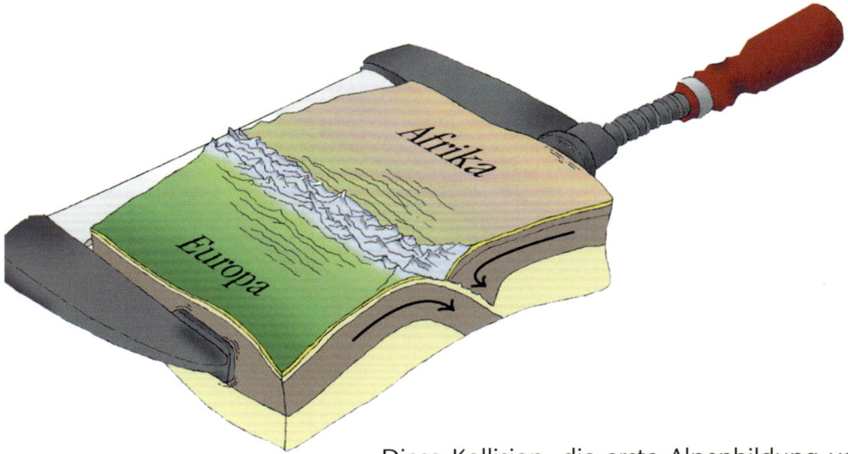

Diese Kollision, die erste Alpenbildung vor rund 100 Mio. Jahren, lief unsichtbar in vielen Kilometern Tiefe ab. Die Erdkruste wurde verdickt, die Gesteine zusammengedrückt und größeren Drücken und höheren Temperaturen ausgesetzt. Die Gesteinspakete scherten vom kristallinen Grundgebirge ab und wurden in der Tiefe wie Hobelspäne in Decken übereinandergeschoben. Die Deckenstruktur finden wir in allen tektonischen Einheiten: Im „Kalkalpin" die Decken der Tethys, im „Flysch" die Decken des penninischen Ozeans, im „Helvetikum" die Decken des europäischen Schelfmeeres, und in der „Molasse" die Muldenstruktur der gefalteten Molasse.

Die einzelnen Decken im „Kalkalpin" sind unterschiedlich mächtig, die Lechtaldecke in der Hornbachkette beispielsweise über 2000 m. Obwohl sie weit transportiert wurden, veränderten sie ihren inneren Aufbau nicht entscheidend. Bei diesem Prozess der Deckenüberschiebungen wurden die Gesteine gefaltet. Erst in der zweiten Phase, ab 35 Mio. Jahren vor heute, wuchsen dann die Alpen aus der Tiefe langsam zu einem Hochgebirge. Es entstand ein Deckengebirge mit gefalteten Gesteinsschichten.

Blick auf die Klimmspitze (Hornbachgruppe) nach Osten. Man erkennt die deutliche Schichtung des Hauptdolomits. Kleines Bild: Falte im Hauptdolomit.

An der Ruitelspitze, am Ausgang des Madautales, ist die oft komplizierte Deckenstruktur gut zu erkennen. Zu diesem typischen Lechtaler Landschaftbild passen die Worte des Geologen Otto Ampferer: „Während die Hohlformen nach oben in die Unendlichkeit des Weltraumes überfließen, steigen die Vollformen ins Innere der Erde hinab. Die einen empfangen ihr Leben von oben durch Wetter und Wind, Kälte und Wärme, Wasser uns Eis, Blitz und Donner, kurz alle Gewalten der Höhe, die anderen ruhen auf einem Untergrund von ungemessener Gewalttätigkeit, deren Äußerungen nicht so sinnfällig, aber viel tiefgreifender sind" (aus: Ampferer, 1937).

Die Deckenüberschiebungen in den Lechtaler und Allgäuer Alpen fanden bevorzugt an mechanisch leicht verformbaren Gesteinsschichten wie Mergel- oder Tonschieferlagen statt. Gips-Tonschichten wie in den Raibler Schichten weisen eine geringe Scherfestigkeit auf und zerfließen schon bei niedrigen Temperaturen. Darum finden wir an Deckenüberschiebungen häufig sog. Rauhwacken. Es sind löchrig poröse Steine, bei denen der Gips durch oberflächennahes Grundwasser herausgelöst wurde. Zudem spielten Fluide (heiße, mineralische Tiefengrundwässer) eine Rolle, um die Reibungskräfte an den Überschiebungsbahnen zu reduzieren.

Die Größe und die Ausprägung von Falten hängen stark ab von der Gesteinsart, von den mechanischen Eigenschaften und den Temperaturen. Bei der langsamen Deckenüberschiebung werden die Gesteine bei Temperaturen ab 200-300 Grad Celsius in Falten wie zähflüssiger Honig gelegt. Durch die Wechsel von harten Kalksteinen mit

Falten im Flysch am Röthenbach (Halblechtal).

weichen Ton- und Mergellagen wie in den Allgäuschichten, in den Kössener Schichten, Aptychenschichten oder im Flysch verhielten sie sich unter hohem, aber langsamem Druck plastisch wie Eis. Sie verbogen sich weitgehend bruchlos.

Diese im Untergrund verfalteten Gesteine brechen an der Oberfläche an Klüften, Störungen oderVerwerfungen. Dabei wurden„Steinwunden" wie etwa Risse in den Faltungen oft durch Calcitminerale geheilt.

Manche Falten sind so groß, dass sie oft nur aus größerer Entfernung zu erkennen sind. Bild links: Falten in den Raibler Schichten im Gipsbruch Weißenbach. Der Gips in den Raibler Schichten ist nicht so fest wie der Kalk. Er verformt sich bereits bei geringem Druck. Bild rechts: Falten in den Kössener Schichten im Alperschontal.

Impressionen

Der Lech im Gebirge – ein Fluss mit vielen Gesichtern

Starke Kräfte verändern den Charakter der Berge am Lech: Frostsprengung, Felsstürze, Hangrutsche, Muren, die Gletscher verschiedener Eiszeiten, der Fluss und seit kurzer Zeit auch der Mensch.

Auf engstem Raum wechseln die unterschiedlichen Geländeformen: Gipfelwände, scharfe Grate und daneben weite Hochflächen, Kare oder Schluchten. Die Vielfalt der Gesteine am Lech spiegelt den komplizierten Bau des Gebirges. Gesteine aus unterschiedlichen Meeren und Zeiten schufen einzigartige Denkmäler.

Helle, markante Gipfel aus Wettersteinkalk wie die Gipfel in den Tannheimer Bergen, dunkle, karieskranke Berge aus Hauptdolomit wie die Gipfel in der Hornbachkette, begrünte Bergrücken aus Allgäuschichten, Radiolariten oder Aptychenschichten wie an der Pfeilspitze.

Nicht nur die Struktur der unterschiedlichen Gesteine, sondern auch das Gefälle, die Wassermenge und das mitgeführte Material gestalten das Tal. Der Lech im Gebirge mit seinen spektakulären Schluchten in den Seitentälern hat viele Gesichter.

Streimbach im Bschlaber Tal.

Blick von Südwesten auf das Lechtal. Linke Bildhälfte: die Hornbachkette. Bildhintergrund: die Tannheimer Berge. Im Vordergrund rechts: die Pfeilspitze oberhalb der Ortschaft Elmen und das Bschlaber Tal.

IMPRESSIONEN – „Der junge Lech“ im Lechquellengebirge

Blick von Westen auf das Quellgebiet des Lech unterhalb des Formarinsees.

IMPRESSIONEN – „Der Lech im oberen Lechtal“

Blick von Osten auf das obere Lechtal. An der rechten Bildhälfte die Jöchlspitze, Rothorn und Krottenkopf, darüber die Mädelegabel mit Schwarzmilzferner. An der linken Bildhälfte der Sonnenkogel und dahinter die Lechtaler Wetterspitze. Im Tal (Bildmitte) die Gemeinde Holzgau.

Die Höhle am „Wilden Mann" – eine fast unglaubliche Geschichte

Blick von der Steinkarscharte auf den „Wilden Mann" und das darunterliegende Kar.

Das Portal der „Wilden-Mann-Höhle

Auf den ersten Blick eine typische Bergkulisse. Der schroffe Hauptdolomitgipfel am „Wilden Mann" (2579 m) versorgt ein Kar mit Geröll. Eine geradlinig verlaufende Stirnmoräne und davor liegende Schutthalden markieren die Größe eines Gletschers aus der „Kleinen Eiszeit" (Mitte 15. bis Mitte 19. Jahrhundert). Solche Moränen werden als „1850 Moränen" bezeichnet, da seitdem die Gletscher in den Alpen deutlich zu schrumpfen begannen. Unterhalb des Gipfels des „Wilden Mannes" in der südexponierten Karwand gab eine sterbende Höhle in den letzten Jahren spektakuläre Geheimnisse preis.

Die rund 120 m tiefe, bis 40 m hohe Höhle liegt im Hauptdolomit der Lechtaldecke. Unzählige kleine Klüfte, Harnische, Bruchflächen und auffallend große, am Boden liegende Gesteinsbrocken zeichnen ein eindeutiges Bild: Die Höhle zerfällt. Nur an einer Stelle ist der in vielen Höhlen typische „Sinterschmuck" noch spärlich zu sehen. Aber der noch vorhandene Wandsinter und die unscheinbaren Tropfsteine erzählen eine unglaubliche Geschichte.

Nur an wenigen Stellen finden sich in der zerfallenden Höhle noch Wandsinter und Tropfsteine.

Durch eine Uran-Blei-Datierung (Grundlage: die radioaktiven Zerfallsreihen von Uran) konnten Professor Spötl von der Universität Innsbruck und seine Kollegen das Alter des Wandsinters auf 2.3 Mio. Jahre und eines Stalagmits auf 2.1 Mio. Jahre datieren. Es sind die zur Zeit ältesten Tropfsteine in den Alpen. Außerdem ist in diesen

Die Höhle zerfällt. Nur an wenigen Stellen finden sich noch Wandsinter und Tropfsteine (Bild unten).

Tropfsteinen das Klima über die gesamte Entstehungszeit archiviert.

Aus diesen Daten errechneten die Wissenschaftler die Hebungs- und Erosionsraten der vergangenen zwei Millionen Jahre (mehrere Eiszeiten und intensive Erosion). Das Ergebnis: Die Entstehung des Wandsinters und der Tropfsteine begann rund 1500 m tiefer und die Gipfel waren etwa 500 m niedriger als heute. Die Gründe waren vermutlich der Gewichtsverlust durch das Abschmelzen der Gletscher; die dadurch erodierten Gesteinsmassen und tektonische Hebung ließen die Berge seitdem in die Höhe „wachsen", ohne die Höhle zu zerstören.

IMPRESSIONEN – „Der Lech im mittleren Lechtal“

Blick von Westen auf die Gemeinde Elmen, direkt darüber die Stabl-Alm, in der Bildmitte rechts das Bschlaber Tal.

„s'Kuchahündle" auf der Stablalm

Die Edelbachhöhle auf der Stablalm. Eine Klammhöhle im Plattenkalk.

Der Lech begrenzte über Jahrhunderte die wirtschaftlichen Möglichkeiten im Tal. Die kleinen Felder erlaubten nur eine bescheidene Landwirtschaft. Die Bauern nutzten deshalb die Heumähder auf den blumenübersäten Bergen vor allem aus Allgäu-, Aptychen- oder Kössener Schichten. Hier wurde im Sommer das Bergheu geerntet und gelagert. Dies sicherte das Überleben der kleinen Bauernschaften. Im Spätwinter und im zeitigen Frühjahr zogen dann alle Bauern einer Gemeinde gemeinsam das Heu ins Tal.

Die von Gletschern rundgeschliffenen Bergmähder sind natürliche Lawinenberge. Jedes Jahr donnern gewaltige Lawinen ins Tal. Im Außerfern sind rund 320 Lawinenstriche bekannt. Tragische Lawinenunglücke, die sich vor allem beim Heuziehen ereigneten, ziehen sich wie ein roter Faden durch die Jahrhunderte. Solche Lawinenberge liegen über der Stablalm. Hier ist eine markante Deckengrenze. Unterhalb der Alm verlaufen Gesteinsbänke aus Hauptdolomit und Plattenkalk mit zahlreichen Höhlen. Wir haben die Höhlen auf der Stablalm kartiert und vermessen.

Beim Betreten einer kleinen Höhle schreckten wir zurück. Ein aufrecht sitzender Dalmatiner mit einem Fressnapf blickte uns entgegen. Nach einer verwunderten Schrecksekunde realisierten wir, der Hund war aus Plastik. Diese Überraschung weckte unser Interesse. Welche Geschichte steckt dahinter?

Eine Sage berichtet, dass „der ganze wiesenreiche Elmer Berg früher im Besitz der Bauern von Elmen gewesen sei. Da hätten sich die Häselgehrer, voran ein Mann mit dem Vulgonamen „Kuchale" dieses Gebiet rechtlich erstritten, wobei gefälschte Urkunden im Spiel gewesen seien. Zur selben Stunde, als das „Kuchale" in Häselgehr zu Grabe getragen wurde, habe man es in Elmen gesehen. In Begleitung eines schwarzen Pudels und mit einer Schriftenrolle unter dem Arm sei es fuchtelnd und laut redend zum widerrechtlich erworbenen Berg gegangen. Seitdem konnten im Sommer die Bergheuer und Hirten, die auf den Almböden und Triften, oberhalb der Stablalpe, ihrer Beschäftigung nachgingen, und im Winter die Jäger und Holzfäller, wenn sie durch den Wald schritten, das „Kuchahündle" sehen. In der Dämmerung und des Nachts erschien ihnen ein kleiner Hund, der sie aus gehörigem Abstand fixierte und nicht von ihrer Seite wich. Unversehens wechselte er auch oft mit feurigen Augen und lechzender Zunge über den Weg und verschwand, ohne selbst im Pulverschnee eine Spur zu hinterlassen. Auf dem Berg habe man oft ein Licht herumirren sehen und aus den leerstehenden Hütten sei unbeschreibliches Gepolter gedrungen sowie ein Geräusch, als ob Kieselsteine an die Wände und auf die Holzdächer geworfen würden. Ob der büßende Geist, der nie jemandem etwas Böses getan hat, noch umgeht, weiß niemand." (aus: Linser, 1983).

Die Sage hat einen geschichtlichen Hintergrund: Am 25. Januar 1644 verloren 40 Männer aus Elmen beim Heuziehen von der Stablalm durch eine Lawine ihr Leben. Eine unfassbare Tragödie. Elmen hatte damals nur 135 Einwohner und auf einen Schlag wurden 22 Frauen zu Witwen und viele Kinder zu Halbwaisen.

Die Häselgehrer unterstützten die Elmer in ihrer Not. Sie bewirtschafteten jahrelang die Stablalm. Später allerdings haben sie die Mähder nicht mehr zurückgegeben. Der Häselgehrer Ortsvorsteher soll durch gefälschte Urkunden den Berg widerrechtlich erstritten haben. Dieser Ortsvorsteher kam durch verschiedene Prozesse „auf die Gant" (sein Hab und Gut wurde versteigert). Verarmt und aus Scham habe er immer in der „Kucha" (Küche) des Hauses gesessen, in dem er gerade in Kost war. Für sein Unrecht musste er dann als „s'Kuchahündle" umgehen.

Der Dalmatiner in der Höhle erinnert an diese Geschichte. Sie wird heute – oft romantisch verklärt – mit einem Lächeln erzählt. Sie kann aber auch einen Anstoß geben, über das Leben zu dieser Zeit und in dieser Landschaft nachzudenken.

IMPRESSIONEN – „Ohne Täler keine Berge“

Frühjahrsflug ins Lechtal.
Blick von Osten auf die verschneiten Kare der Hornbachgruppe, im Tal die Gemeinde Häselgehr.

IMPRESSIONEN – „Der Letzte Wilde“ bei Forchach

Blick von Nordosten auf die Umlagerungsstrecke des Lech, am linken Bildrand die Ortschaft Forchach.

IMPRESSIONEN – „Der Lech an der Grenze“

Blick von Südwesten auf den Lech an der Grenze,
am rechten Bildrand die Stadtgemeinde Reutte, in der Bildmitte die Stadt Füssen und der Forggensee.

„Schwarze Dolomite“ – zu Stein gewordene Kiesbänke

Geologisches Geotop: Bahneinschnitt von Enzenstetten.

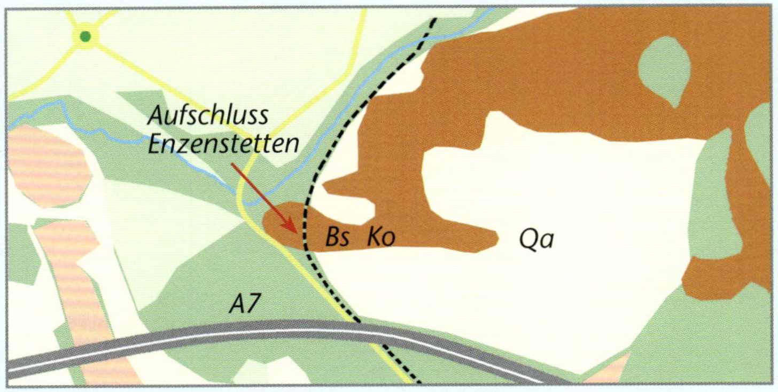

Geologische Übersicht
Bs = Bausteinschichten
Ko = Konglomerate
Qa = quartäre Ablagerungen

Bild links: Schwarze Dolomite im Konglomerat (Nagelfluh), links oberhalb des Karabiners.

Der Aufschluss

Im Bahneinschnitt von Enzenstetten sind die aufgestellten Konglomerate der Bausteinschichten am Südflügel der Murnauer Mulde aufgeschlossen. In diesen Konglomeraten sind die verschiedenen Gesteine verbacken, die in den Bergen am Lech vorkommen: Wettersteinkalk, Radiolarit, Aptychenkalke, bunte Jurakalke und viele andere. In den Konglomeraten sind auch vereinzelt schwarze Dolomitgerölle eingelagert. Durch die Kollision der adriatischen Platte mit der europäischen Platte entstanden am Nordrand des Gebirges große Becken. Vor rund 34 Mio. Jahren, in der unteren Meeresmolasse (UMM), wurden aus den zum Hochgebirge aufsteigenden Alpen große Mengen von Abtragungsschutt durch Flüsse in dieses Meeresbecken abgelagert. Bis zu 2000 m mächtige tonige Sedimente und Gerölle wurden zu Sandsteinen und Konglomeraten (Nagelfluh) verfestigt. Das Meer wurde aufgefüllt und vor rund 28 Mio. Jahren landfest, das Stadium der unteren Süsswassermolasse (USM) begann. Diese Sandsteine und Konglomerate wurden durch den Druck des heranrückenden Gebirges gefaltet (Faltenmolasse).

Schwarze Dolomite in der Pinswanger Umlagerungsstrecke.

Bild oben: Kiesbank des Lech.
Bild unten: Kiesbank des „Urlech".

Der besondere Blick

Prof. Dr. Herbert Scholz fielen bei geomorphologischen Kartierungen der Umlagerungsstrecken im Tiroler Lechtal auf den Kiesbänken merkwürdig schwarze Dolomitgerölle auf. Da er aus seinen Forschungen in der Molasse solche Gesteine in den Konglomeraten kannte, war sein Interesse geweckt. Er erinnerte sich an die schwarzen Dolomite in den Konglomeraten im Molasseaufschluss bei Enzenstetten. Ein Geologiestudent untersuchte die Struktur der schwarzen Dolomite aus einer Kiesbank in der Pinswanger Umlagerungsstrecke. Diese verglich er mit den schwarzen Dolomitgeröllen aus der Molasse von Enzenstetten. Durch Gesteinsdünnschliffe konnte er zweifelsfrei belegen, dass einzelne Dolomitgerölle mit den „alten" Dolomiten identisch sind. Die Suche nach der Herkunft dieser schwarzen Gerölle führte in zwei Seitentäler im oberen Lechtal. Dort kommen auf Hochflächen noch solche „schwarzen Dolomite" vor.

Zu Stein gewordene Kiesbänke

Schon vor rund 30 Mio. Jahren transportierte vielleicht der „Urlech" Schlamm und Geröll ins seichte Molassemeer. Diese im Aufschluss steilgestellten Konglomerate sind zu Stein gewordene Kiesbänke. Bis heute transportiert der Lech „schwarze Dolomite" ins Alpenvorland. Zwei Schauplätze machen „geologische Steingeschichten" lebendig.

IMPRESSIONEN – „Der neue Lech" ab Füssen

Blick von Süden auf die Füssener Bucht: linke Bildhälfte die Stadt Füssen, Bildmitte die Gemeinde Schwangau und der Forggensee, rechte Bildhälfte der Schwan- und Alpsee, darüber das Tegelbergmassiv und der Wächter des Ostallgäus, der Säuling.

Impressionen

– Der bayerische Lech noch ein Fluss?

Tausende von Jahren floss der bayerische Lech 166,46 km lang wild und nahezu ungezähmt von der Landesgrenze oberhalb der Lechschlucht bei Füssen bis zur Mündung in die Donau. Im Laufe der letzten 100 Jahre entstand eine neue Landschaft. Heute präsentiert sich der Lech als eine große Stauseetreppe mit 31 Kraftwerken, die durch kurze Fließstrecken miteinander verbunden sind. Zwischen Füssen und Augsburg wurden die Wasserkraftwerke zu einer Kraftwerkskette verbunden.

Im Schwallbetrieb strömt das Lechwasser ununterbrochen durch die Turbinen. Die früheren morphologischen und ökologischen Beschreibungen des Lech als Fluss gelten nicht mehr. Das Abflussverhalten wird nicht mehr nur von den Niederschlägen allein bestimmt, sondern maßgeblich von wirtschaftlichen Notwendigkeiten. Ein neues, von Menschenhand geschaffenes Gebilde ist entstanden: eine künstliche Stauseetreppe mit Fließstrecken.

Blick von Südosten auf die versunkene Illasbergschlucht, den Illasbergsee und den Premer Stausee. Am linken oberen Bildrand die Gemeinde Roßhaupten, am rechten oberen Bildrand die Gemeinden Prem und Lechbruck.

Der Wildfluss Lech

– im unteren Lechtal

Der Lech unterhalb von Füssen, heute im Forggensee verschwunden. Aufnahme um 1900.

Solche Umlagerungsstrecken wie hier im unteren Lechtal bei Forchach bilden sich in allen Hochgebirgen der Welt. In den Alpen und im Alpenvorland prägten sie über Jahrtausende das Landschaftsbild. Seit dem Ende der Eiszeit, seit rund 14 000 Jahren, formte der wilde Lech mit seinem Geflecht von Flussarmen und Kiesbänken das Landschaftsbild vom Gebirge bis zur Donau.

Der Lech bei Forchach, eine Kombination von Flussarmen, Kiesbänken und grünen Bändern. Auf den ersten Blick wirkt der Fluss karg und eintönig. Aber dieser verflochtene Lech mit seinen Weiden, Tamarisken und grünen Tupfern mit Gräsern und Blumen steckt voller Dynamik und Leben.

Er ist einer der artenreichsten Lebensräume in Mitteleuropa. Solche Wildflüsse mit ihren Kiesbänken und weiten Auen stehen unter dem besonderen Schutz der Europäischen Union.

In der Forchacher Umlagerungsstrecke ist der Lech noch der größte Grundbesitzer. Hier organisiert er den Transport des Geschiebes, stabilisiert sein Flussbett und bewältigt das Hochwasser (s. LB 1, S. 103).

Dieser wilde Lech verändert sich ständig. Hier lassen sich die Umlagerungen und die Entwicklung einer Auenlandschaft aktuell beobachten.

Blick auf den Wildfluss Lech. Der wilde Lech beginnt bei der Ortschaft Stanzach (re. Bildrand) und zieht sich bis unterhalb der Ortschaft Weißenbach (li. Bildhälfte).

Dunkle, schroffe Hauptdolomitberge mit großen Schuttkegeln begleiten den Wildfluss (in der Bildmitte die Ortschaft Forchach mit der Schwarzhanskarspitze).

Die Umlagerungsstrecke des Lech – ein funktionierendes System

Zwischen eintönigen Kiesbänken schlängeln sich scheinbar zufällig größere und kleinere Wasserrinnen. Der genauere Blick auf diesen verflochtenen Fluss (braided river) verrät hinter diesem vermeintlichen Chaos eine beeindruckende, morphologische Ordnung.

Wie Kajakfahrer wissen, in Zopfströmen haben die Rinnen oft unterschiedliche Höhenniveaus und unterschiedliche Strömungen. Es sind eigenständige Flüsse im Fluss. Kajakfahrer lesen aufmerksam den Fluss: Kleine Wellen verraten seichte Rinnen und kaum sichtbare Wellen weisen den richtigen Weg.

Die Mündung des Schwarzwasserbaches in den Lech. Der größte Anteil der Gerölle besteht aus Hauptdolomit.

Der Streimbach aus dem Bschlaber Tal, der Hornbach und vor allem der Schwarzwasserbach versorgen diese Umlagerungsstrecke mit Geröllen.

Durch das geringere Gefälle strömt der Lech gemächlich. Bei Hochwasser jedoch vergrößern sich die Fließgeschwindigkeit überproportional und die Schleppkraft (Schleppspannung) im Quadrat. Erreicht die Fließgeschwindigkeit einen kritischen Wert, kommen die Gesteine (Kiesel) in Bewegung. Der Fluss transportiert geordnet seine Geröllfracht (Geschiebe).

Diese Geröllfracht ist ein buntes Gemisch aus Sand (bis 2 mm), Kies (zwischen 2-63 mm), Schotter (kantige und runde Gesteinsbruchstücke über 63 mm) und auch Felsblöcken (Dezimeter bis zu einigen Metern). Kleinste Gesteinspartikel, Tone bis zu feinem Sand, schweben in der Wassersäule. Sie färben bei Hochwasser als sogenannte Schwebfracht das Wasser braungrau. Chemisch gelöste Substanzen werden als Lösungsfracht mitgeführt.

Die Fließgeschwindigkeit bestimmt die Größe der Gesteine, die dann rollend, gleitend, schiebend oder hüpfend weitertransportiert werden. Dies ist aber kein gleichmäßiges Dahinfließen. Durch Turbulenzen kann ein Geröll aus der Zone hoher Fließgeschwindigkeit herausgetrieben werden und sich ablagern. Im Strömungschatten dieser „Hindernisse" lagern sich wieder Steine ab. Diese pflastern dann dachziegelartig die Sohle und bremsen bei plötzlich auftretendem Hochwasser ein schnelles Aufreißen des Untergrunds. Der Fluss transportiert und lagert gleichzeitig Gerölle ab und stabilisiert seine Sohle.

Bei abfließendem Hochwasser werden umgekehrt je nach Schleppkraft die einzelnen Korngrößen wieder abgelagert. Im Fluss bilden sich Schotterbänke zwischen dem strömenden Wasser.

Der Lech transportiert und lagert die Gerölle aller Größen: Sand, Kies, Schotter. Bei Hochwasser werden sie rollend, hüpfend oder schiebend weitertransportiert. Sie pflastern aber auch gleichtzeitig den Untergrund, um ein schnelles Aufreißen zu verhindern.

Die jährlichen Hochwasser – während der Schneeschmelze oder nach sommerlichen Starkregen – formen diese Umlagerungsstrecken. Außergewöhnliche, sogenannte „Jahrhunderthochwasser", werden vom natürlichen Rückhalteraum, der Au, aufgefangen. Entlang der unbefestigten Kiesufer reißt der Lech Hochwasserrinnen in die Au. Diese zusätzlichen Verzweigungen vermindern die Wassermenge und mindern damit den Gerölltransport.

Nach dem Hochwasser fließt ein verzweigter Fluss gemächlich in Zopfströmen zwischen Schotterbänken mit verschiedenen Korngrößen, begrenzt von unbefestigten Kiesufern. So stabilisiert der Lech auf natürliche Art und Weise sein Flussbett.

Der Lech bei Forchach – ein „Aue-Hotspot“

Im Sommer erwärmen sich die Kiesbänke extrem und sind sehr trocken. Sie werden im Volksmund „Brennen“ genannt. Auf diesen „Kieswüsten“ fühlen sich nur wenige Pflanzen- und Tierspezialisten wohl. Sie haben besondere Strategien entwickelt, um in diesem trockenheißen Milieu mit den kühlen ständigen Umlagerungen der Kiesbänke zu überleben.

Bleibt eine Kiesbank wochenlang trocken, dann kommt die Stunde der Pionierpflanzen. Auf frischen Flusssedimenten bilden sich aus Spuren der Verwitterung dünne Humusschichten. Spezialisten wie unter anderen, die Silberwurz, das Alpenleinkraut, die Alpengänsekresse, Zwergglockenblume, das Ufer-Reitgras und Alpen-Knorpellattich breiten sich in kleinen Polstern aus. Der Knorpellattich kennzeichnet den Lebensraum, der allgemein als „Knorpellattich-Flur“ bezeichnet wird.

Aufgrund des Rückgangs der Wildflussstrecken ist heute die **„Knorpellattich-Flur“** ein extrem selten gewordener Lebensraum in Mitteleuropa. Eine der größten derartigen Schotterfluren liegt im Bereich der Mündung des Schwarzwasserbaches in den Lech.

Auf etwas höher gelegenen Terrassen verdrängen Tamarisken und Weiden die Pio-

Die Lechauen zwischen Weißenbach und Forchach.

Die Pionierpflanzen durchwurzeln den kargen Kiesuntergrund und produzieren Nährstoffe, Sie bereiten mit ihrer Biomasse den Boden für Pflanzen mit höheren Ansprüchen.

Die Kiesbänke sind aber auch der Lebensraum für viele Tierspezialisten wie den Flussregenpfeifer oder die Gefleckte Schnarrschrecke.

nierpflanzen. Diese werden nur periodisch überflutet. Die Deutsche Tamariske verankert sich durch ein verzweigtes Wurzelsystem. Biegsame Zweige fangen Schwemmteilchen auf. Sedimente lagern sich ab und stabilisieren den Untergrund. Mit der Zeit wird die Tamariske von Weiden verdrängt. Durch ihre ungeschlechtliche Vermehrung und schnelle Keimung der Samen verbreiten sie sich. Selbst langen Überflutungen und zerstörerischen Hochwassern trotzen sie: Weidenzweige brechen an Sollbruchstellen und treiben später wieder aus. Die abgerissenen Zweige können sich irgendwo verfangen und dann erneut austreiben.

Am wilden Lech.

Deutsche Tamariske im Gegenlicht

Früher waren Tamarisken an allen Alpenflüssen flächendeckend verbreitet, heute nur noch an wenigen Stellen mit einzelnen Exemplaren. An der Forchacher Umlagerungstrecke sind noch große Bestände des „Weiden-Tamariskengebüschs“.

Auf die **„Tamarsisken-Weidenzone“** folgt der **„Schneeheide-Kiefernwald“**. Kiefernwälder sind Relikte der ersten nacheiszeitlichen Wälder. Es ist ein Wald, der nicht mehr vom Hochwasser erreicht wird. Er stellt das Schlussglied der Auen-Sukzession. Diese sehr lichten Wälder mit einer reich entwickelten Krautschicht, vor allem der Schneeheide, auch mit Edelweiss, Enzianen und besonders vielen Orchideen, gehören zu den artenreichsten Wäldern Österreichs. Seit Jahrhunderten werden diese lichten Wälder auch als Weiden genutzt.

Die Aue bei Forchach ist dynamisch und stabil. Laut der Flora-Fauna-Habitat-Richtlinie (FFH) gibt es in der Aue 11 Lebensraumtypen mit prioritärer Bedeutung. Hier leben rund 250 Pflanzenarten, von denen die meisten gefährdet oder vom Aussterben bedroht sind. Über Jahrhunderte waren an allen Alpenflüssen solche Auen die „Normalität“. Heute ist der wilde Lech bei Forchach ein selten gewordenes Refugium für Pflanzen und Tiere: ein Hotspot der Biodiversität.

Und noch eine besondere botanische Rarität konnte sich seit dem Spätglazial im Bereich der Mündung des Schwarzwasserbaches behaupten: ein Wacholderwald, wohl einzigartig an einem Wildfluss in den Nördlichen Kalkalpen. Die Wacholderbäume erreichen eine durchschnittliche Höhe von 8 m und werden ungefähr 90 Jahre alt. Um 1960 wurden noch rund 900 Bäume gezählt. Das Holz wurde früher zum „Selchen“ (Räuchern) verwendet. Heute steht dieser Wald unter Naturschutz (Bild links).

Wasserführende Hochwasserrinnen schaffen im „Schneeheide-Kiefernwald“ einzigartige Lebensräume (Bild rechts).

Weiße Sumpfwurz

Querprofil der Aue

– überhöht –

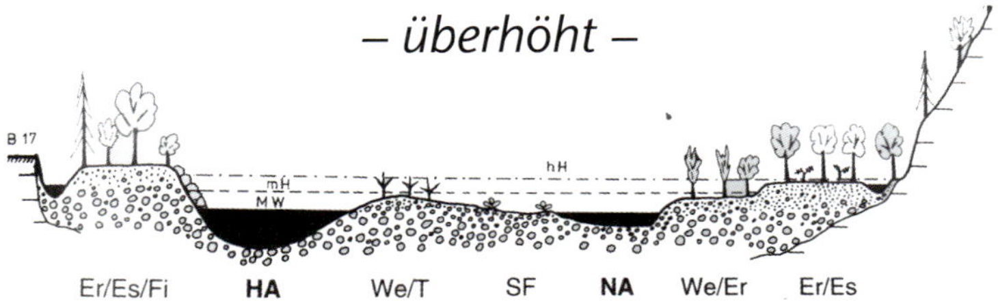

Die für Wildflüsse typische Zonierung: Die unterschiedlich hohen Terrassen der Aue und die Kiesbänke mit den „geplasterten Geröllen“ werden bei jedem Hochwasser in Teilen neu gestaltet.

Legende: Er/Es: Grauerlen-Eschenauwald (überschwemmt); Er/Es/Fi: ehemaliger Auwald mit Fichten (nicht mehr überschwemmt); HA: Hauptarm des Lech; hH: höchste Hochwasserlinie; mH: mittlere Hochwasserlinie; MW: Mittelwasser; NA: Nebenarm des Lech; SF: Schwemmlingsflur; We/Er: Weiden-Grauerlen/Auwald; We/T: Weiden-Tamarisken-Gebüsch. (aus: Lebensraum Füssener Lech, S. 53).

Hochwasser erwünscht

Die konkurrenzschwachen Pionierpflanzen, Tamarisken und erste Weiden auf einer Kiesbank sind die Grundlage für neues Leben. Direkt am Flussufer oder am Rande der Brenne (Kiesschüttung) entsteht eine Weichholzaue mit Weiden und Erlen. Sie wird häufig überschwemmt und die Pflanzen sind regelmäßig mechanischen Belastungen ausgesetzt.

Der Lech hat in der Regel zwei saisonale Hochwasser im Jahr: Während der Schneeschmelze im Frühjahr und nach sommerlichen Starkregen. Diese überlagern sich oft zeitlich. Nach einem Hochwasser bilden sich neue Muster des verflochtenen Lech. An den Prallhängen frisst er sich in die instabilen Randbereiche der Aue ein, lagert Kies um und reißt mitunter ganze Waldbestände mit. An den Gleithängen bilden sich neue Kiesbänke.

Der wilde Lech zwischen Weißenbach und Forchach. Aufnahme August 2023.

Hochwasser überflutet die Weichholzaue und lagert fruchtbare Schwebstoffe zwischen den jungen Weiden ab. Die Sohle erhöht sich, die Gefahr der Überflutung nimmt ab. Verrottende Blätter, angeschwemmtes Laub und Treibholz reichern den Aue-Rohboden mit Humus an.

Neben diesen jährlichen saisonalen Hochwassern sind die periodischen und epochalen, die sog. Jahrhunderthochwasser, von überragender ökologischer, flussmorphologischer und ökonomischer Bedeutung. Diese setzen die gesamte Aue unter Wasser und können Teile dieser zerstören. Nach einem solchen Hochwasser werden die Karten meist gänzlich neu gemischt. Das Spiel beginnt von Neuem und neues Leben entsteht.

Die Weichholzaue bildet die Brücke zwischen den Flussufern und ab Füssen geht sie in eine Hartholzaue über. Diese wird weniger häufig überschwemmt. Der Übergang zur Hartholzaue ist fließend: Baumweiden und Erlen werden seltener. Eschen und Ulmen nehmen zu. Gerade in Zeiten des Klimawandels sind solche natürlichen Hochwasser von großer Wirkung.

Die bayerischen Flüsse waren über Jahrtausende kraftvolle biologische Lebensadern; verflochtene Flussarme, kahle Kiesbänke, Weichholzauen bis hin zum Hochwald der Hartholzauen. Diese Abfolge von Vegetationsstufen war an unseren Wildflüssen überall eindrucksvoll zu beobachten.

Am bayerischen Lech hat sich seit rund hundert Jahren das Bild radikal verändert. Bis auf spärlichste Reste sind miteinander verbundene lebendige Kiesbänke und Weichholzauen verschwunden. Der Schutz vor Hochwassern, Strom aus Wasserkraft, neue Siedlungen verwandelten den Lech. Aus einem wilden Fluss wurde eine technische Seenlandschaft – eine Stauseekette. Nur kurze Fließstrecken verbinden die 31 Staustufen. Wir haben uns an den Anblick einer neuen, einer künstlichen Landschaft gewöhnt.

Der lebendige Lech im Tiroler Lechtal, Aufnahme 2024.

Der neue Lech. Blick auf den Speichersee bei Prem.

Rippelmarken – das Gedächtnis der Strömung

Am Rande der Kiesbänke fallen verschieden gestaltete Rippelmarken auf. Sie sind das Ergebnis eines faszinierenden Spiels von Erosion und Sedimentation im fließenden Wasser. Jeder hat dies schon einmal beobachtet, der sich an einem Sandstrand die Brandung um die nackten Füße spülen ließ. Schöne Rippelmuster entstehen, werden durch die nächste Welle verwischt und sofort werden wieder neue Rippel sichtbar.

Ein Dokument der Erdgeschichte: zu Stein gewordene Sandrippel. Vor rund 30 Millionen Jahren wurden im „Molassemeer" Sand und Ton abgelagert. Am Strand modellierte der Wind Sandrippel. Diese wurden zu Gestein verfestigt und schließlich der Meeresboden bei der Faltung der Alpen senkrecht gestellt.

Diesen Molasseriegel durchbrach der Lech. Die imposante Illasbergschlucht, die ehemals schönste Voralpenschlucht Deutschlands, entstand. Sie verschwand in den Fluten des Forggensees.

Auch der Fluss gestaltet eigene Rippelmarken. Sobald die Strömung Sandkörner mitreißen kann, entstehen Rippel. An einem kleinen Hindernis nimmt die Strömungsgeschwindigkeit zu. Es bildet sich ein kleiner Hügel. An einem solchen Hindernis werden Sandkörner rollend oder springend nach oben transportiert. Am Kamm bleiben sie liegen. Werden zu viele Körner abgelagert, rutschen sie im Strömungsschatten ab. Es bilden sich Rippel. Die Form der Rippel wird durch die Wassertiefe bestimmt: Der Wasserstand war in der Regel dreifach höher als die spätere Rippelhöhe. Nachlassende Strömung beendet das Spiel.

Der Lech im Reuttener Talkessel

Im Reuttener Talkessel wird die Deckenstruktur der Lechtaler- und Allgäuer Alpen sichtbar. Die voneinander getrennten Gesteinsdecken bestehen aus bis zu mehreren Kilometer mächtigen Gesteinspaketen aus Sedimentgesteinen, die über eine weite Strecke transportiert und übereinander gestapelt wurden. Das Bild der Landschaft bestimmen die hellen Kalkgesteine aus der Trias der Lechtaldecke am Hahnenkamm und in den Tannheimer Bergen. Dazwischen die wenig widerstandsfähigen Gesteine der Raibler Schichten, die ausgeräumt wurden. Das breite Reuttener Becken entstand. Auf der anderen Talseite ein anderes Bild: die dunklen, zerfurchten Hauptdolomitberge Dürrenberg und Tauern. Am Hahnenkamm wurde dieser Deckenstapel bis zur jüngeren Allgäudecke freigelegt. Die Almen und das

Skigebiet am Hahnenkamm liegen auf dieser Decke. Darüber thronen die felsigen Gipfel der älteren Lechtaldecke. Die Berge stehen gleichsam auf dem Kopf. Sie erzählen die spannende Geschichte ihrer Entstehung. Seit Jahrmillionen werden die Decken abgetragen. Am „Hornbergl" sind wir sogar Zeitzeugen dieser ablaufenden geologischen Prozesse. Der Lech und seine Seitenbäche arbeiten sich durch die Deckenstruktur der Lechtaler und Allgäuer Alpen. Aus der Vielfalt der Gesteine und der unterschiedlichen Erosionsprozesse resultiert der Reiz der Landschaft entlang des „Lech im Gebirge" (s. LB 1, S. 106 ff.).

Geologische Übersicht:
Wk = Wettersteinkalk
Rb = Raibler Schichten
Hd = Hauptdolomit
As = Allgäuschichten

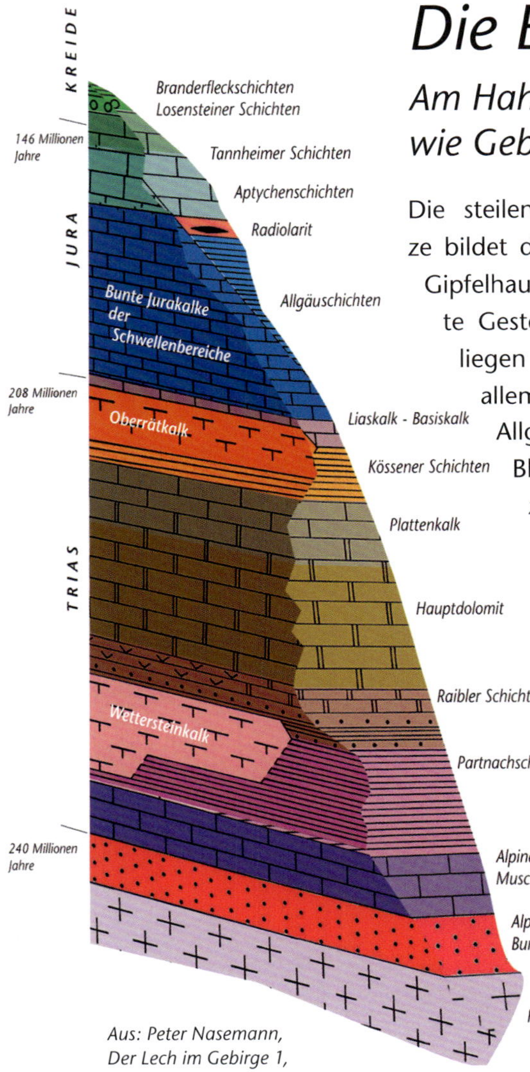

Aus: Peter Nasemann, Der Lech im Gebirge 1, Lechkiesel erzählen eine geologische Heimatgeschichte

Die Berge „stehen auf dem Kopf"

Am Hahnenkamm lässt sich beobachten, wie Gebirge entstehen und vergehen.

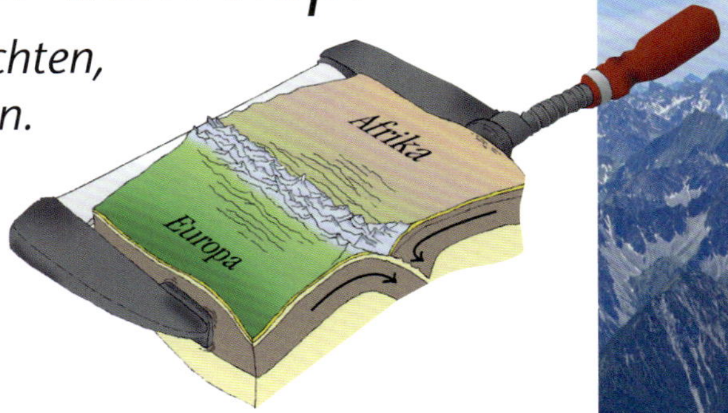

Die steilen Gipfelwände der Gaichtspitze bildet der Wettersteinkalk, die steinige Gipfelhaube des Hahnenkamms das älteste Gestein, der Muschelkalk. Darunter liegen die weiten Alpweiden, die vor allem auf jüngeren Gesteinen der Allgäuschichten entstanden. Der Blick auf unseren „Lechzeitberg" zeigt: Ältere Gesteine liegen über jüngeren Gesteinen. „Die Gesteinsschichten stehen auf dem Kopf".

Wie kamen diese Gesteine hierher und wer stellte sie auf den Kopf?

Im 19. Jahrhundert waren sich die meisten Forscher einig, dass sich die Erde langsam abkühlte und dabei schrumpfte (Kontraktionstheorie). Die Erdoberfläche bekam Falten wie ein alter Apfel: Gebirge entstanden.

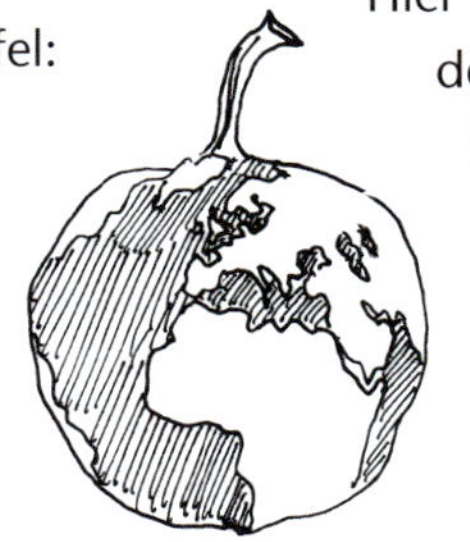

Aber die Theorie der Plattentektonik erklärt erst die Entstehung dieser Berge schlüssig. Die Alpen entstanden in der Knautschzone der Kollision von afrikanischer und europäischer Kontinentalplatte. In ehemals weit im Süden liegenden Meeresbecken verdichteten sich über Jahrmillionen Meeresablagerungen zu Gesteinspaketen.

Durch den enormen Schub aus dem Süden wurden Gesteinspakete in Decken übereinander geschoben. Dabei wurden in einem im Detail komplizierten Wechsel ältere Gesteine über jüngere geschoben: Die „Berge wurden auf den Kopf gestellt".

Die Erosionsprozesse der vergangenen Jahrmillionen haben unsere Berge zum Großteil bereits wieder abgetragen. Durch diese Abtragung wurden diese Decken freigelegt.

Hier am Hahnenkamm ist der Verlauf der Lechtal- und Allgäudecke deutlich zu sehen. Die Allgäudecke (AD) liegt frei zwischen dem südwestlichen Hangfuss der Schneid und dem nordöstlichen grünen Band vor der Gaichtspitze. Die Allgäuschichten markieren diese Decke. Die kleine Gipfelhaube des Hahnenkamms besteht aus Muschelkalk und ist ein kleiner Rest der Lechtaldecke (LD). Der Übergang der Allgäuschichten (AD) zu den Partnachschichten und dann in den Wettersteinkalk nordöstlich der Gaichtspitze (LD) markiert die Deckengrenze. Gehrenspitze, Kellenspitze, Gimpel sind erodierte Reste der Lechtaldecke (s. LB 1, S. 36 ff.).

Gehrenspitze
Gaicht-Sp.
Hahnenkamm
Schneid

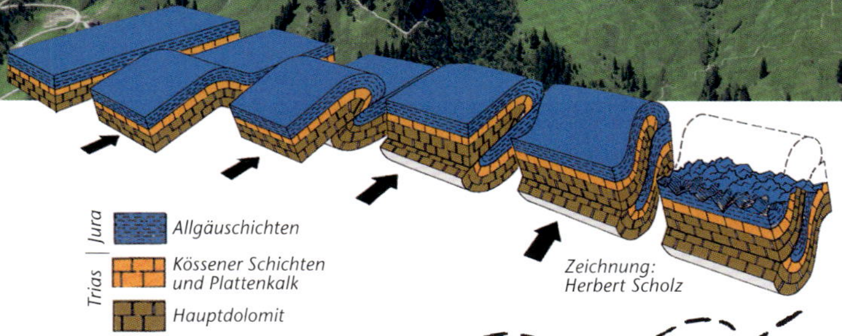
Jura
Trias
Allgäuschichten
Kössener Schichten und Plattenkalk
Hauptdolomit
Zeichnung: Herbert Scholz

Schneid
Hahnenkamm
Vils
Gaicht-Sp.
LECH-TALDECKE
ALLGÄU-DECKE

Der „Triadische Dreiklang"

Ein überall in den Nördlichen Kalkalpen von Vorarlberg bis Wien anzutreffendes typisches Landschaftsbild: der **„Triadische Dreiklang"** aus Wettersteinkalk, Raibler Schichten und Hauptdolomit.

Diese Gesteine stammen aus dem Erdmittelalter (vor 251 - 201 Mio. Jahren).
Die bei Kletterfreunden beliebten Gipfel aus hellem Wettersteinkalk wie Kellenspitze oder Gimpel auf der linken Bildseite. Sie bilden einen herben Kontrast zu den dunklen, schroffen Gipfeln der Schlicke aus Hauptdolomit auf der anderen Talseite. Dazwischen liegt das von einem Lokalgletscher ausgehobelte grüne Reintal mit der Musauer Alm, der Augsbuger und Füssener Hütte in den leicht ausräumbaren Raibler Schichten.

Blick über den Schlossberg in Richtung Zwischentoren, links der Heiterwanger See, in der Bildmitte der Thaneller, auf der rechten Seite der Lech bei Weißenbach.

„Bergzerreißung"
am Hornbergl.

Das Hornbergl am Hahnenkamm – ein Berg zerlegt sich

Mit dem Werden der Berge entlang des Lech sind gleichzeitig viele Kräfte an deren Niedergang beteiligt. Tektonische Bewegungen sprengen Felswände. Entlang an Spalten, Klüften und am festen Gestein arbeiten Regen, Wind, Frost und Schwerkraft nach menschlichem Zeitempfinden langsam, aber dennoch überaus erfolgreich. Überall sind in den Bergen die Folgen zu beobachten: Lockere Steine, Schutthalden, Bergzerreißungen, Fels- und Bergstürze.

Seit Jahrmillionen werden riesige Mengen Abtragungsschutt im Molassebecken am Alpenrand abgelagert. Der Lech transportiert dieses Erosionsmaterial ab, immerhin rund 100 000 cbm kommen jährlich an der Geschiebebremse in Höfen an.

Am Hornbergl ist dieser Niedergang eindrucksvoll „live“ zu beobachten. Hier liegen wie am Hahnenkamm die älteren, harten Gesteine der Lechtaldecke auf weichen, tonreichen Gesteinen der jüngeren Allgäudecke. Dieser Deckenaufbau – „Hart auf Weich“ – ist die Rezeptur für ständige Erosionsereignisse.

In den harten, gebänderten Muschelkalk der Lechtaldecke sind unter anderem dünne Mergellagen eingeschaltet. Zusätzlich verlaufen senkrecht zu den Schichtflächen stehende Kluftsysteme. Bergwasser, Frostsprengung und tektonische Entspannungen zermürben die Kalkbänke. Sie gleiten auf den tonreichen Allgäu- und Partnachschichten der Allgäudecke. Es bilden sich Spalten und Doppelgrate.

Hangrutsch am 28.03.2012, 11.04 Uhr. Foto: Hans Fasser.

Es ist ein schleichender Prozess, der sich über mehrere hundert Jahre hinziehen kann. Diese Bewegungen am Hornbergl werden seit Langem genau beobachtet. Geodätische Messungen an einzelnen Messpunkten zeigen Kluftweitungen von 1,44 m in 30 Jahren und Lageänderungen bis zu 24 cm im Jahr. Der Berg bekommt ein „zerrissenes Aussehen“.

Otto Ampferer führte dafür den Begriff „Bergzerreißung“ ein. Es ist eine „schwerkraftbedingte langsame und großräumige Massenbewegung von Festgesteinen“. Das plötzliche Niederbrechen von Bergflanken dagegen wird als „Bergsturz“ bezeichnet.

Die gelockerten Gesteine – manchmal auch größere Felsbrocken – poltern durch die Schwerkraft nach unten. Sie werden schließlich während der Schneeschmelze und bei Starkregen als Muren im Herrenbach und Murenbach weiter transportiert. In den Jahren 1966,1975, 1982 und 1983 führten besondere Wetterereignisse zu größeren Murgängen. Umfangreiche Schutzbauten und ein engmaschiges Monitoring der langsam ablaufenden Prozesse am Berg schützen den Ortsteil Hornberg und reduzieren die Risiken auf ein vertretbares Maß.

Murereignis vom 02.-05. Mai 1986 im Murenbach.

Designer Eis
– im Reuttener Talkessel

Eindrucksvoll ist der Blick vom Thaneller: Die Gesteine und die Tektonik bestimmen das Grundmuster. Veredelt wurde diese Landschaft durch die Eiszeiten und das fließende Wasser – vom Lechgletscher und vom Lech. Die Gletscher mehrerer Eiszeiten räumten die wenig widerstandsfähigen Gesteine (Raibler Schichten) im Reuttener Talkessel aus. Die Eisströme und der Wildfluss Lech suchten sich ihren Weg durch ein großes Trogtaltor ins Alpenvorland. Die Torpfosten: Der Grat vom Frauensee zur Gehrenspitze mit seinen vom Gletschereis markanten Schliffkehlen.

Auf der anderen Talseite spiegelt sich die Situation im Verlauf des Grates von Pinswang über den Pilgerschrofen zum Säuling. Auffallend ist der vom Gletscher rundgehobelte Schlossberg mit der Burgruine Ehrenberg. Die Eiszeitgletscher formten diesen strategisch hervorragenden Platz. Ein kleinerer Seitenarm des großen Eisstromnetzes im Reuttener Talkessel schürfte in Richtung Ammer- und Loisachtal ein enges Trogtal in die Hauptdolomitberge. Eiszeitliche Moränen verstopften den Abfluss, Plan- und Heiterwanger See entstanden: ein Fjord im Gebirge.

Flugaufnahme des vergletscherten ostgrönländischen Küstengebirges. So ähnlich könnte die Situation nach dem Ende des Maximalstandes der letzten Eiszeit vor rund 25 000 Jahren in den Allgäuer und Lechtaler Alpen und im Reuttener Talkessel gewesen sein. Ein mehr als 1000 m mächtiges Eisstromnetz überzog die Berge, nur die Gipfel waren eisfrei (Nunatakker). Über dem Eisstrom bildeten sich an den schroffen Hängen Kargletscher.

Der Lechgletscher im Reuttener Talkessel

Blick von Gleitschirm über den Hahnenkamm und die Tannheimer Berge in den Reuttener Talkessel und in die Füssener Bucht. Deutlich sind die vom Eis überflossenen Scharten (Transfluenzpässe) und die über den Eis durch Verwitterung geformten schroffen Berggipfel (Nunatakker) zu erkennen. (s. LB 1, S. 70 ff.).

Die Burgruine Ehrenberg thront auf einem vom Gletscher geformten Rundhöcker über dem Reuttener Talkessel.

Der Plansee

– ein eiszeitlicher Fjord in den Bergen

Blick von Osten auf den Plansee und den Heiterwanger See, im Hintergrund der Thaneller.

Eisstromnetz im Westen Grönlands. Dort herrschen heute noch Verhältnisse wie in der „Lechtaler Eiszeit" vor 24 000 Jahren.

Ein großes Eisstromnetz lag zum Höhepunkt der letzten Eiszeit über den Alpen. Wie die Arme eines Kraken bewegten sich zahllose Gletscherarme ins Vorland. Ein Arm des Lechgletschers schürfte eine Furche durch den Hauptdolomit. Beim Rückzug des Gletschers lagerten sich die mitgeführten Gesteinsmassen ab. Diese ver-

plombten diese Furche. Ein eiszeitlicher Fjord in den Bergen entstand. Der See mit seinem türkisgrünen Wasser liegt eingezwängt zwischen den dunklen, abweisenden Bergen aus Hauptdolomit. Mächtige Schuttreißen arbeiten seit der Eiszeit an der Verlandung des Sees. Eine schlichte, aber eindrucksvolle Kulisse. Schon Kaiser Maximilian I. rühmte um 1490 den Wild- und Fischreichtum, Erzherzog Ferdinand von Tirol feierte hier um 1594 pompöse Seefeste, der Bayernkönig Max II. errichtete zum Gedenken an den Wittelsbacher Kaiser Ludwig der Bayer den Kaiserbrunnen. Hier verweilte König Ludwig II. bei seinen Ausfahrten nachts oft stundenlang.

Die geologische Geschichte

Der Plansee wird im Osten durch eine etwa 120 m mächtige Moräne des würmeiszeitlichen Lechgletschers abgedichtet. Diese Moräne liegt auf einer Höhe von 998 m und fällt steil ab ins Tal der Neidernach. Ungefähr in der Mitte des rund 100 m hohen Steilhanges treten zahlreiche Quellen aus dem locker geschichteten Moränenkörper. Dies deutet darauf hin, dass unter den Quellen wasserundurchlässige mergelig verbackene Grundmoränen oder Bändertone liegen.

In zahlreichen Aufschlüssen im Bereich der Quellen liegen Gesteine aus den Lechtaler und Allgäuer Alpen, vor allem Hauptdolomite, Kössener-, Allgäu-, Aptychenschichten und Radiolarite, vereinzelt auch Gosaubrocken aus dem Muttekopfgebiet und auch zentralalpine Gerölle.

Es ist die gleiche Zusammensetzung der Gesteine wie in den spärlichen Moränenresten am Moosberg in Weißenbach bis über 1100 m, am Urisee bei 1000 m und bei Heiterwang bei 1022 m. Und die Grundmoräne am Ostufer des Plansees liegt bei ca. 998 m. Bis zu dieser Höhe war der gesamte Reuttener Talkessel und diese Furche mit Gletschermaterial aufgeschüttet.

Aus diesen Beobachtungen rekonstruierte Otto Ampferer 1907 die Entstehung des Sees. Ein Arm des Lechgletschers schürfte eine Furche durch den Hauptdolomit. Der schmelzende Gletscher der Würmeiszeit lagerte am Ende diese Grundmoräne ab und verplombte das Tal. Der Plansee entstand. Die Richtung der Entwässerung veränderte sich. Das Schmelzwasser floss nun zum Lech. Durch diese Erosionsumkehr entstanden die imposanten Stuibenfälle und der Archbach. Der jugendliche See, der früher größer war, verlandet durch die zahlreichen Schuttreißen mit den Geröllen aus Hauptdolomit. Der Erzbach, der in den Plansee mündet, hat die nordöstliche Bucht schon vollständig verschüttet.

Zahlreiche, kräftige Quellen speisen die Neidernach, die bei Griesen in die Loisach mündet. Die Bewohner in Griesen vermuteten hier einen unterirdischen Abfluss aus dem Plansee. Dies beunruhigte sie. Nach einer alten Überlieferung sollen sie deshalb bei Wallfahrten zur 14-Nothelfer-Kapelle (um 1718) beim Hotel Forelle dafür gebetet haben, dass der See nicht durchbreche und ihre Heimat verwüste.

Der Pitzenbach schüttete große Schuttmassen in den Plansee. Der wachsende Schwemmfächer trennte schließlich den Heiterwanger See ab und erhöhte diesen um 68 cm. Ein Rinnsal entwässerte in den Plansee. Um den See als Speicher für die Stromerzeugung nutzen zu können, wurde 1908/09 ein Kanal gegraben.1921 fuhr das erste Motorschiff durch diesen Kanal.

Blick auf den „Kleinen Plansee". Deutlich ist das vom Gletscher ausgefräste Trogtal zu erkennen. Der Plansee „hängt" über dem Reuttener Talkessel. Seit dem Ende der Eiszeit entwässert der Plansee über den Archenbach mit den imposanten Stuibenfällen in den Lech.

Der Reuttener Talkessel im Wandel

Kartenausschnitt 1821

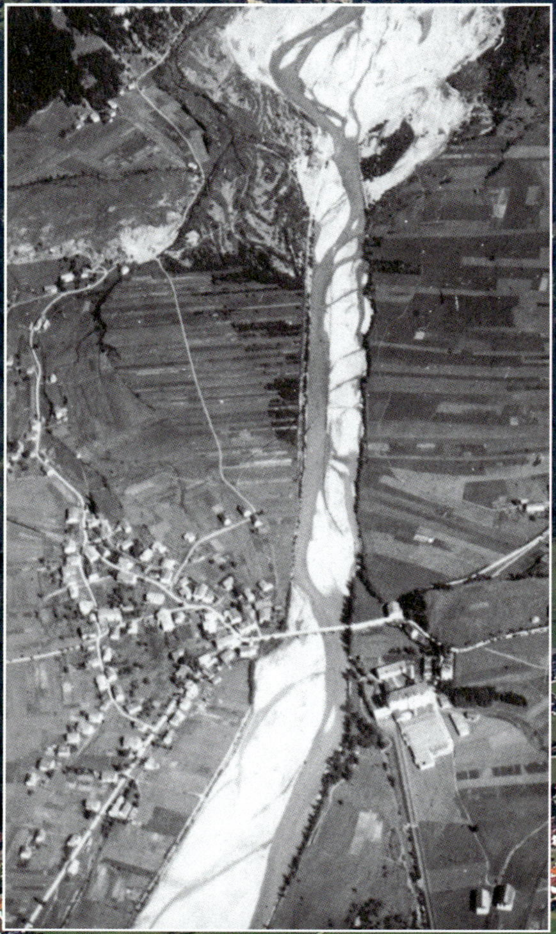

Aufnahme 1918

Aufnahme 2022

Der Lech an der Grenze

Der Lech an der Grenze ist eine geologische Besonderheit. Nirgendwo in den Alpen erhebt sich ein Gebirge so hoch über sein Vorland und geht so abrupt ins Alpenvorland über. Und – der Lech verlässt in einer eindrucksvollen Schlucht das Gebirge.

Seit der Eiszeit nutzen Menschen den Reichtum dieser Landschaft: in der Steinzeit zum Jagen und Fischen, die Römer die strategisch günstigen Verkehrswege. Über Jahrhunderte wurden Bausteine, Eisenerz, Gips, Marmor oder Bäume aus den Gebirgswäldern genutzt. Auf dem Lech oder auf den hochwassersicheren

Straßen wurden die Güter transportiert. Der Lech an der Grenze bietet noch eine Besonderheit: Hier kann der aufmerksame Beobachter den Wandel einer Wildflusslandschaft „live" miterleben. Mit erheblichem Aufwand wird die Pinswanger Umlagerungsstrecke renaturiert. Gleichzeitig entsteht nur wenige hundert Meter flussabwärts an der Grenze im Flussbett ein neues Gewerbegebiet. Unmittelbar nach der Grenze hat noch die letzte bayerische Wildflussstrecke überlebt, der „Füssener Lech". Ab Füssen entstand mit dem künstlichen Forggensee eine neue Lechlandschaft: eine Seentreppe mit Schwallstrecken auf Knopfdruck bis zur Donau.

Der Lech an der Grenze – *Wandel einer Flusslandschaft*

Über Jahrtausende floss der bayerische Lech wild und nahezu ungezähmt von Füssen bis zur Mündung in die Donau. Der Lech mit seinem Geflecht von Flussarmen und Kiesbänken prägte das Landschaftsbild. Zu den schroffen Bergen und sanften Hügeln gehörte der wilde Fluss.

Heute präsentiert sich der bayerische Lech als eine große Treppe aus Stauseen, die durch kurze Fließstrecken miteinander verbunden sind. Nahezu alle morphologischen und viele ökologische Elemente, die über Jahrtausende den Wildfluss Lech prägten, sind verschwunden. Ein moderner, neuer Flusstyp ist entstanden. Der Kartenvergleich verdeutlicht die Veränderungen am Lech an der Grenze.

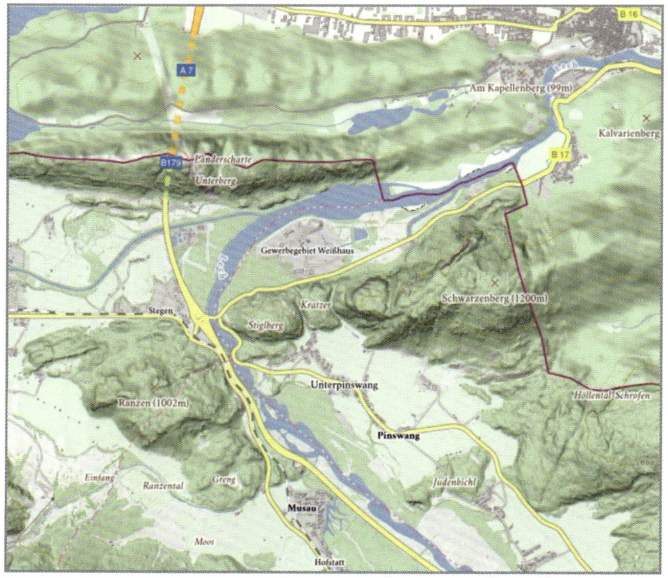

Karte links oben: Franziszeische Landesaufnahme, 1816-1821.

Karte rechts oben: Spezialkarte „Gruber", 1937.

Karte links unten: Ausschnitt: Geologische Karte, Blatt Füssen, Maßstab 1: 25 000, 1962.

Karte rechts unten: Topografische Karte mit Geländerelief unterlegt, 2024.

Die Pinswanger Umlagerungsstrecke

Lokale Flussverbauungen und der Bau der Schnellstraße durch die Pinswanger Umlagerungsstrecke führten zu einer einschneidenden Eintiefung des Lech von 3-4 Metern. Dadurch wurden weite Teile des Auwalds von der Dynamik des Lech abgekoppelt und nicht mehr regelmäßig überflutet. Lebensräume für sehr seltene und streng geschützte Tiere und Pflanzen drohten verloren zu gehen.

Das „Jahrhunderthochwasser" von 1999 bedrohte die Straße. Gezielte Maßnahmen zum Schutz vor Hochwasser wurden notwendig. Es wurde eine Sohlrampe zur Anhebung der Flusssohle im Lech errichtet und an zwei Stellen der rechte Uferbereich abgesenkt. Im dahinter liegenden Auwald entstand eine 600 Meter lange Flutmulde, in der wieder ein offener Auwald entstehen soll. Der wertvolle Lebensraum für Flussuferläufer, Flussregenpfeifer, Deutsche Tamariske, Zwergrohrkolben, Kiesbankhüpfer oder Kreuzkröten, eine der seltensten Amphibienarten in Österreich, kann sich wieder entwickeln.

Die Pinswanger Umlagerungsstrecke ist heute als Teil des Naturparks „Tiroler Lech" ein stolzes Vorzeigeprojekt. Aber nur wenige hundert Meter flussabwärts bietet der Lech an der Grenze eine ganz anderes Bild.

Bild links:
Blick von Osten auf die Pinswanger Umlagerungsstrecke, Aufnahme März 2024.

Bild rechts oben:
Hochwasser 1999 in der Pinswanger Umlagerung.

Bild rechts unten:
neugeschaffene Flutmulde.

Das Kieswerk und das neue Gewerbegebiet

Blick vom Westen auf den Lech: rechts die renaturierte Pinswanger Umlagerungsstrecke, Bildmitte das neue Gewerbegebiet und darunter der Füssener Lech. Noch heute transportiert der Lech große Mengen Schotter und Schwebstoffe. An der Landesgrenze kommen ca. 110 000 cbm Kies im Jahr aus dem Tiroler Lechtal. Rund 70 000 cbm Kies werden oberhalb der Geröllbremse für die Nutzung entnommen und entsteht in der ehemaligen Wildflusslandschaft ein neues Gewerbegebiet.

Die Veränderungen

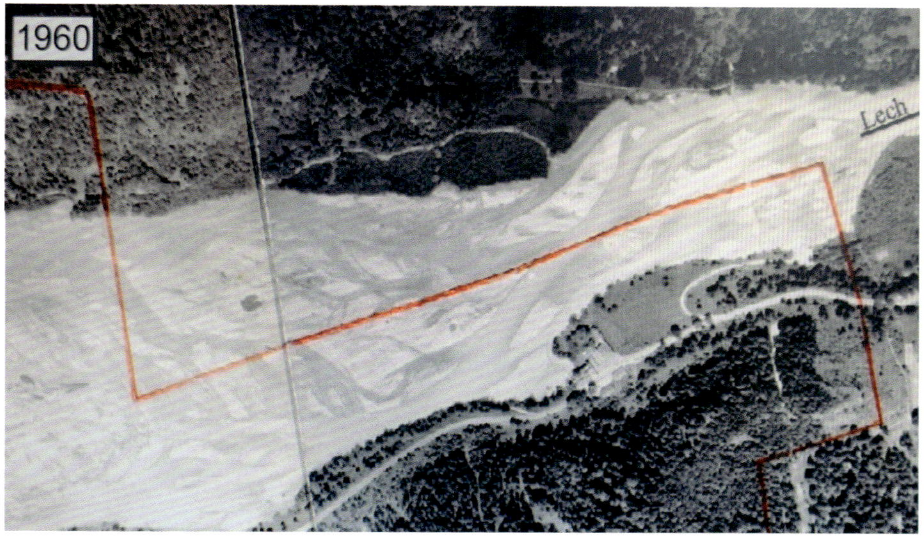

Noch in den 1960er-Jahren existierte – fast unbeachtet – eine intakte Umlagerungsstrecke am bayerischen Lech: die Wildflusslandschaft „Füssener Lech" oberhalb der Lechschlucht in Füssen. Die Bildfolge zeigt die Veränderungen bis 2024.

Die Situation heute

Die letzte bayerische Wildflusslandschaft am Lech leidet. Direkt oberhalb der Landesgrenze wird Kies entnommen und ein neues Gewerbegebiet entsteht. Vor allem seit dem Bau einer großen Geröllbremse mit Auffangbecken nach dem Hochwasser 1999 wird der Füssener Lech nicht mehr ausreichend mit Kies versorgt. Das geniale Wechselspiel zwischen Transport der Gesteine und gleichzeitiger Stabilisierung des Flussbettes ist gestört. Ohne Kies, der bei Hochwasser in den verflochtenen Armen transportiert und bei Niedrigwasser abgelagert wird, frisst sich der Lech immer tiefer ein. Aus der jahrtausendealten Umlagerungsstrecke entsteht eine Aue mit Wassertümpeln, an deren Rand der tiefer liegende Lech schnell abfließt.

Diese bedauerlichen Tatsachen erkannten die Verantwortlichen auf beiden Seiten der Grenze. Im Rahmen des Gesamtprojektes „LIFE Lech II“ errichtete man 6 Leitbuhnen (Querverbauungen im Flussbett) und einen Sporn. Dadurch soll die Strömung

gezielt in den Auenwald gelenkt und die Eintiefung des Lech entschärft werden. Die für einen Wildfluss typischen Umlagerungen sollen wieder entstehen und damit der Lebensraum von Zwergrohrkolben, Tamarisken und Flussregenpfeifern.

Unter Fachleuten ist die Skepsis groß. Zu dicht bedecken die fest verwurzelten Weiden und Fichten bereits die ehemaligen Kiesbänke. Die Erosionskraft des Lech wird vermutlich nicht ausreichen, diese Au aufzureißen. Zumal eine der Hauptursachen, der zu klein dimensionierte Kiesdurchlauf an der Geröllbremse, nicht verändert wurde. Dadurch fehlt nach wie vor das nötige Geschiebe, das oberhalb der Geröllbremse entnommen wird.

Es ist erstaunlich, dass nur wenige hundert Meter flussaufwärts im Tiroler Lechtal mit erheblichem Aufwand und großer Unterstützung der Europäischen Union der Lech ökologisch saniert wird, aber direkt an der Grenze die letzte Wildflusslandschaft am bayerischen Lech ihren Charakter verliert. Dieses großartige Naturdenkmal gilt es zu erhalten.

Blick von Westen auf die Wildflusslandschaft des Füssener Lech. Nur wenige Meter unterhalb des Gewerbegebietes bietet sich ein völlig anderes Bild: Hier ist der letzte Rest des bayerischen Wildflusses Lech. Auf rund 1 km kann der Füssener Lech noch frei fließen. Aufnahme 2022 (Bild links).

Blick auf den Füssener Lech (Bild Seite 88).

Situation nach dem Hochwasser 1999.

Geologischen Phänomenen verdankt Füssen seine besondere Lage

Die geologischen Strukturen im Untergrund, die formende Kraft mehrerer Lechgletscher und der Lech selbst sind die Geburtshelfer Füssens. Der Lech verlässt in Füssen das Gebirge. Ein letztes Mal durchbricht er den für die Nördlichen Kalkalpen typischen Triadischen Dreiklang aus Wettersteinkalk, Raibler Schichten und Hauptdolomit. Teile der Altstadt von Füssen liegen auf einer hochwassersicheren Terrasse, die der Lech in den nacheiszeitlichen Füssener See geschüttet hat. Auf seinem Weg in die Füssener Bucht formt der reißende Lech ein typisches Flussbettmuster, einen Prall- und Gleithang. Hier entstanden die für die wirtschaftliche Entwicklung Füssens wichtigen Gewerbeviertel.

Blick auf die Stadt Füssen.

Prall- und Gleithang

Seit dem Ende der Eiszeit frisst sich der Lech durch die Barriere aus Wettersteinkalk. Nach der Schlucht schießt er über die weichen Gesteine der Raibler Schichten auf den vom Gletschereis rundgehobelten massiven Felssporn aus Hauptdolomit. Von diesem Prallhang fließt der Lech mit großer Wucht entlang des langgestreckten Schlossberges, auf dem das Hohe Schloss, das Kloster und die Stadtpfarrkirche St. Mang liegen. Der Hauptdolomitrücken verschwindet bei der Franziskanerkirche im Untergrund, die Füssener Bucht weitet sich.

Auf der anderen Flussseite entsteht am Ausgang der Schlucht im Uferbereich ein Gleithang. An Hindernissen oder an den Innenseiten von Flussbiegungen bilden sich Wirbel. Senkrecht zur Wasseroberfläche stehende Wassersäulen drehen sich um die eigene Achse. In diesem Kehrwasser, das von der Lechbrücke verlangsamt gegen die Hauptströmung „stromaufwärts" fließt, wurden mitgeführte Kiese und Sande abgelagert. Es entsteht im Uferbereich ein breiter, über 200 m langer Gleithang mit großen Kiesbänken, der sogenannte „Lechgries".

Bild links unten: geologischer Überblick und schematische Darstellung des Prall- und Gleithanges. Bild unten: Blick über die Lechschlucht auf die ehemaligen Hanfwerke, heute „Magnuspark", darüber das Kloster und die Stadtpfarrkirche St. Mang.

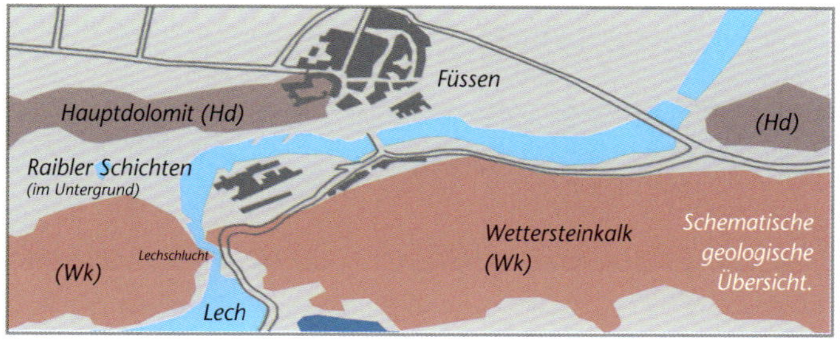

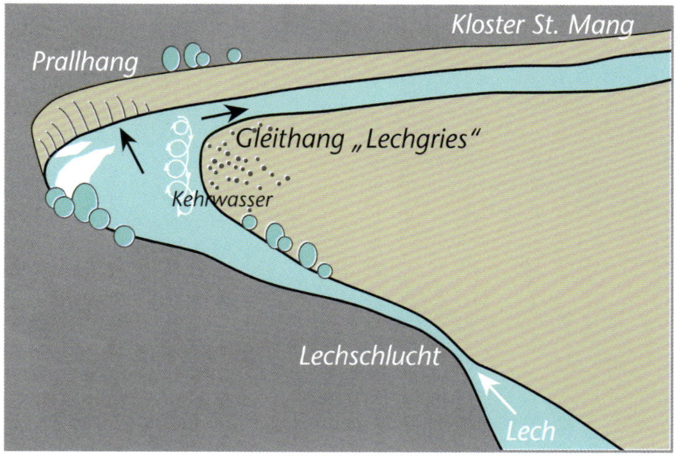

Am Prallhang

Drei Mühlsteine unterhalb des Klosters erinnern an das alte Gewerbeviertel der Stadt Füssen. Hier standen eine ganze Reihe von Mühlen, die urkundlich bis ins 15. Jahrhundert belegt sind. Diese Mühlen waren stets durch Hochwasser gefährdet.

Mühlsteine am Faulenbachergäßchen.

Ansicht Füssens aus dem Jahre 1572, Detail eines Tafelgemäldes von Stefan Mair (Galerie im Hohen Schloss in Füssen). Im Vordergrund Lechwehr, Floßergasse, Hintere Mühle. Unterhalb Füssens die Umlagerungsstrecke des Lech mit den Ortschaften Horn und Waltenhofen auf den hochwassersicheren Terrassen.

Ausschnitt eines Planes zur Regulierung der Wasserkräfte des Lech im Bereich der städtischen Mühlwerke, der um 1765 entstand. Er zeigt deutlich, wie der Hauptstrom des Flusses auf die linke Uferseite geleitet wird (Stadtarchiv Füssen).

Am Gleithang

Das verheerende Hochwasser von 1761 zerstörte die Mahl- und Sägemühlen, die Hammerschmiede und die Rot- und Weißgerberwalken. Daraufhin reifte der Plan, die Mühlen auf den hochwassersicheren Gleithang zu verlegen und durch einen Kanal die Wasserkraft zuverlässig zu nutzen. Dies ist bemerkenswert, da zur damaligen Zeit die wirtschaftliche Not in Füssen groß war. Von 1784 bis 1787 wurde in den Lusalten-Felsen ein 146 m langer, 3,60 m breiter und 2,70 m hoher Stollen geschlagen. Um das Wasser in den Stollen zu leiten, war der Bau des „Lechfalls" mit rund 6 m Fallhöhe notwendig. Oberhalb des Falls entstand eine neue, ökologisch wertvolle Umlagerungsstrecke.

Das Lechgries um 1860.

Auf das Lechgries wurden nacheinander die alten Mühlwerke verlegt. Zwischen 1787 und 1820 entstanden dort insgesamt 15 Betriebe, unter anderem eine Getreide-, Papier- und Gipsmühle, ein Sägewerk, eine Rotgerber-Lohstampf, eine Hammerschmiede, Marmorschneidmühle und auch eine städtische Badeanstalt.

1860 richtete Franz Josef Eichele ein Gesuch an die Stadt um „Überlassung der Wasserkraft" und eines Areals, um eine „Mechanische Hanfspinnerei" zu errichten". 1861 wurden die „Hanfwerke Füssen" offiziell gegründet. Dies war der Beginn der Industrialisierung in Füssen und ein Lichtblick, der die wirtschaftliche Entwicklung positiv beeinflusste.

Der Hanfschneidesaal in den Füssener Hanfwerken zeigt die schwere Arbeit der Werktätigen, Aufnahme 1928.

Die Hanfwerke Füssen auf einer Werbedarstellung Ende der 1920er-Jahre. Im Vordergrund der Lech, dessen Wasser aus dem Lusaltenstollen in zwei Stränge aufgeteilt ist: den Mühlbach, der links im Bild in den Hauptstrom zurückfließt und einen zweiten Arm, der unter dem vorderen Fabriktrakt wieder in den Fluss einmündet (aus: Peter Nasemann, Lebensraum Füssener Lech, 1994).

Die Situation heute

Die Rolle des Lech als Geburtshelfer Füssens ist im Katasterplan noch zu erkennen: die mittelalterliche Struktur der Stadt mit den Mühlen am Prallhang und die beginnende Industrialisierung nach dem Bau des Stollens durch den „Lusalten-Felsen" auf dem Gleithang (Lechgries).

Noch heute ist das Werden und die Entwicklung Füssens aus der Luft deutlich zu lesen. Um die im Katasterplan von 1820 erkennbare mittelalterliche Altstadt Füssens breitet sich die Stadt aus. Den günstigen geologischen Voraussetzungen verdankt Füssen bis heute seinen besonderen Reiz.

Katasterplan von 1820 (Stadtarchiv Füssen).

Füssen von oben im Jahre 2020.

Der Lech, das Hohe Schloss, das Kloster und die Stadtpfarrkirche St. Mang verleihen der Stadt ein besonderes Flair. Im Vordergrund die ehemaligen „Hanfwerke".

Nach einer wechselvollen Geschichte wurden 2009 die Maschinen in den Füssener Textilwerken abgestellt. Heute sind noch viele Betriebsgebäude aus der Gründerzeit erhalten. Die neuen Eigentümer entwickeln Konzepte, um interessante wirtschaftliche Impulse zu setzen. Im „Magnuspark" soll die historisch gewachsene Struktur mit modernen Elementen verbunden werden. Der Wandel ist eine Konstante und der Lech spielt wieder eine Rolle.

Stadtpfarrkirche und Kloster St. Mang

– die geologische Vergangenheit wird lebendig

Blick von Süden auf Füssen, das Hohe Schloss, das Kloster und die Stadtpfarrkirche St. Mang.

Regionales Bauen früher. Am Turmfuß ist dies sichtbar: anstehender Hauptdolomit und Wettersteinkalk vom Kalvarienberg.

Muscheln, Korallen, Fische dokumentieren die Erdgeschichte im Füssener Land. Gesteine sind nicht totes Material. Zu Kunstwerken verarbeitet, schmücken sie unsere Kirchen. Sie können auch ein Symbol für den Schöpfungsgedanken sein: Alles steht in einem großem Zusammenhang und alles setzt sich kontinuierlich fort.

In der Stadtpfarrkirche und im Kloster St. Mang in Füssen wird diese enge Verbindung besonders lebendig. Nahezu alle Steine, die hier verarbeitet wurden, stammen aus Steinbrüchen im Umkreis der Kirche. Jedes Kunstwerk hat eine eigene, unverwechselbare geologische Geschichte.

Schon die Römer nutzten neben der Straße den Lech als Wasserstraße. In eineinhalb bis zwei Tagen (im Schnitt 7 km/h) konnten Waren aus Italien und heimische Werksteine und Bodenschätze, wie etwa Marmor, Eisen, Gips oder Kalk billig, schnell und schonend transportiert werden. Das kalte, kalkreiche Lechwasser laugte das Holz wenig aus und die Stämme nahmen kaum Wasser auf. Dadurch verbesserte sich die Zuladungskapazität und die Qualität des Holzes. Nahezu jede bildliche Darstellung Füssens seit dem 16. Jahrhundert bis ins 19. Jahrhundert zeigt Flöße vor der Stadtsilhouette.

Ansicht Füssen 1825 (Gemälde v. Johann Bührlein 1783-1849, Stadtarchiv Füssen).

Rechter Seitenaltar in der Stadtpfarrkirche St.Mang.
Die Säulensockel (Kapitelle) der Marmorsäulen an den Altären bestehen meist aus Variationen von heimischen Farbmarmoren. Da durch den Gebirgsdruck größere Werksteine oft tektonisch bedingte Risse und Hohlräume aufweisen und Stuckateure täuschend echten Marmor günstiger fertigen konnten, bestehen die mächtigen Säulen aus Stuckmarmor. Sie wurden in Scaglia-Technik aus Faulenbacher Gips gefertigt: Stuckateure versetzten Gips mit im Wasser verdünntem Knochenleim und unterschiedlichen Farbpigmenten. Diesen gefärbten Brei kneteten sie mit ausgefeilten Techniken zu einer kunstvoll marmorartigen Masse. Diese wurden dann auf die Unterlage (in der Regel Mauerwerk) aufgetragen. Wenn der Gips hart war, wurde er geschliffen und bekam das Aussehen von echtem Marmor.

Standorte von Kalköfen zwischen Ulrichsbrücke und Füssen. Ausschnitt aus der ältesten Karte des Lechtals zwischen Reutte und Füssen aus dem Jahre 1595 (Original im Tiroler Landesarchiv in Innsbruck).

Am Lech an der Grenze bestimmten über Jahrhunderte Steinbrüche und Kalköfen das Landschaftsbild. Wie an einer Perlenkette reihten sich – von der Ulrichsbrücke bis Alterschrofen und auf der anderen Talseite von der Lände bis zur Lechschlucht – ein Steinbruch an den anderen. Diese Bausteine schmücken nicht nur die Stadtpfarrkirche und das Kloster St. Mang, sondern fanden durch den günstigen Transport auf dem Lech Abnehmer im Alpenvorland und vor allem in der Stadt Augsburg.

Der Steinbruch an der „Roten Wand"

In vielen Steinbrüchen im Füssener Land wurden Gesteine aus unterschiedlichen Meeren und Zeiten zu Farbmarmoren verarbeitet. Dabei handelt es sich aber nicht um echten Marmor, sondern um einen Kalkstein, der poliert durch seine Färbung, seine weißen Kalkadern oder weißen Seelilien-Bruchstücke echtem Marmor ähnelt. Die Farben der Gesteine sind verschieden: Es gibt graue, gelbe, grünliche und rote Variationen.

Die „Rote Wand" leuchtet auf den Füssener Lech hinunter. Hier war einer der größten Steinbrüche, in denen „Farbmarmor" abgebaut wurde. Die Baumeister des Lechtaler Barocks schätzten den Farbmarmor aus dem Steinbruch am ehemaligen Grenzübergang Weißhaus. In der Stadtpfarrkirche St. Mang und im Kloster ist er allgegenwärtig

Auf den Kiesbänken des Lech findet man in manchen der roten Kalksteine weiße Seelilien-Bruchstücke (Hierlatzkalk). Durch Polieren kann man eigene „Lechschmucksteine" herstellen.

Vor rund 200 Millionen Jahren entstanden diese Gesteine in einem Meer, vergleichbar mit dem heutigen Mittelmeer. Das Meer hatte tiefere Becken, die durch flache Schwellen begrenzt wurden. Auf diesen Schwellen, die oft kaum 100 m der unter Wasseroberfläche waren, wurde in langen Zeiträumen roter, grünlicher und weißer Kalkschlamm abgelagert, der schließlich zu „Bunten Jurakalken" verfestigt wurde. Die rote Färbung ist auf das im Gestein fein verteilte rote Eisenoxid zurückzuführen.

In der Stadtpfarrkirche St. Mang in Füssen wird die geologische Vergangenheit sichtbar.

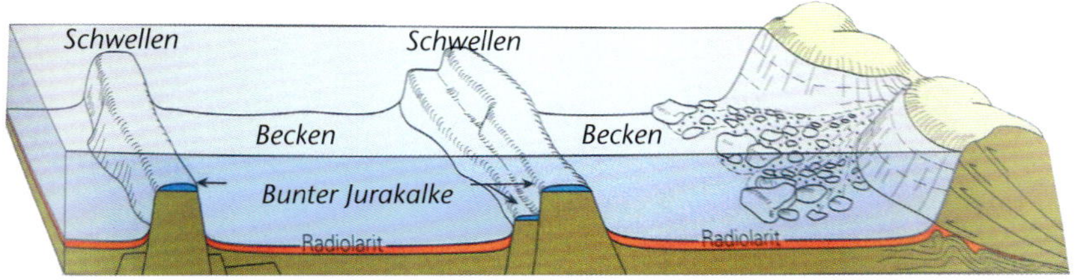

Das Jurameer wurde vor 200 Millionen Jahren in tiefere Becken und flache Schwellen gegliedert. Auf den Schwellen bildeten sich die „Bunten Jurakalke" (nach Scholz, 2016).

Das Taufbecken aus Farbmarmor in der St. Mang-Kirche besteht aus buntem „Jura-Schwellenkalk".

Säulen der Balustrade vor dem Hochaltar aus Benkener Marmor.

Steinbrüche am Schwansee

In den Steinbrüchen am Schwansee ist eine helle Varietät des Farbmarmors aufgeschlossen: der „Füssener Steinbruchkalk" oder „Alterschrofener Marmor". Dieses Gestein wurde auch in der Kirche und im Kloster St. Mang verbaut. Der Füssener Steinbruchkalk oder Alterschrofener Marmor ist ehemaliger Meeresboden. Er bildete sich vor rund 220 Mio. Jahren in einem tropischen Meer, ähnlich den heutigen Malediven. In den flachen, ruhigen Lagunen zwischen und vor den Riffen lagerte sich feinkörniger, heller Kalkschlamm ab. Aus diesem entstanden schließlich die Partnachschichten. Normalerweise sind die Kalksteine der Partnachschichten dunkelgrau gefärbt. Nach dem Bruch bekommen sie eine weißliche Verwitterungsfarbe. Deshalb waren sie als Bausteine über Jahrhunderte sehr beliebt.

Steinbrüche entlang des Weges zum Schwansee.

Tropisches Riff und Lagune auf den Malediven. Unter ähnlichen Bedingungen entstand der „Füssener Steinbruchkalk".

Arbeiter im Steinbruch am Schwansee um 1900.

Der verwachsene „Königliche Steinbruch am Schwansee" lieferte zwischen 1869 und 1881 Bausteine für den Schlossbau.

Der „Füssener Steinbruchkalk" bzw. „Alterschrofener Marmor" wurde beim Bau des Schlosses Neuschwanstein besonders geadelt. Die helle Fassade strahlt seit über hundert Jahren.

Benkener Marmor

Eine andere Variation des Farbmarmors ist der „Benkener Marmor". Dieses Gestein entstand im Meer der Kreidezeit. Vor rund 100 Millionen Jahren (Kreidezeit) lösten sich von der steilen Front des nach Norden gleitenden Gebirges gewaltige untermeerische Bergstürze. Das Gemisch aus Schlamm und kantigen Gesteinstrümmern wurde – im Gegensatz zu den gerundeten Konglomeraten – durch die späteren gebirgsbildenden Bewegungen zu sog. Brekzien verfestigt: Durch Zerstörung wird Neues geschaffen. Dieser Marmor schmückt nicht nur Kirche und Kloster, sondern wurde auch in der Residenz in München oder in der Ulrichsbasilika in Augsburg verbaut. Diese Schichten wurden nach den Gesteinsaufschlüssen am Branderschrofen (Tegelberg) als Typlokalität benannt. Am Weißensee kommt eine dekorative Brekzie der Branderfleckschichten vor, der „Benkener Marmor".

Am „Benkener Berg" am Weißensee bei Füssen wurde seit der Römerzeit der dekorative „Benkener Marmor" abgebaut.

Die polierten Gesteinstrümmer verleihen dem einem Presssack ähnelnden „Benkener Marmor" einen besonderen Reiz. Sie bestehen vorwiegend aus Wettersteinkalk-Fragmenten in einer dunkelroten Grundmasse. Diese rote Farbe kommt von der geringen Beimischung oxidischer Eisenverbindungen. Nur frisch gebrochen oder geschliffen glänzt das Gestein. Viele Säulensockel bestehen aus „Benkener Marmor" (Abb. 1 und 2). Im Rahmen der ersten systematischen geologischen Kartierung Bayerns entstanden unter der Leitung von Carl Wilhelm Gümbel ab 1851 die sogenannten „Gümbel-Karten". In diesen Karten wurden die heute im Wald überwachsenen Felsen eingezeichnet, die später verarbeitet wurden (Abb. 3 und 4).

Bausteine aus der Molasse – Steinbrüche in Lechbruck und Deutenhausen

In der Stadtpfarrkirche und vor allem im Kloster finden sich als Büsten, Portale, Bodenbeläge oder Fenstersimse braune Sandsteine. Sie kommen vor allem aus den Molassesteinbrüchen am Falchen in Lechbruck und in Deutenhausen.

Blick auf die ehemaligen Steinbrüche am Falchen in Lechbruck.
Die Bausteinschichten, Lokalbezeichnung „Lechbrucker Sandstein", finden wir in einem schmalen Streifen entlang des gesamten Alpenrandes. Diese sind leicht zu verarbeitende Bau- und Werksteine. Die Qualität der Sandsteine kann variieren. Nur an wenigen Lokalitäten gibt es relativ verwitterungsbeständige Bausteinschichten. Am Lech und Halblech liegen solche Steinbrüche. Der „Lechbrucker Sandstein" wurde seit der Römerzeit bis in die 1940er-Jahre abgebaut. In der Stadtpfarrkirche Füssen und im Kloster St. Mang, in der Basilika in Altenstadt und in vielen Gebäuden in Augsburg wurde er verbaut.

Deutenhausener Steinbruch 1952. Der Steinbruch lieferte zum letzten Mal Steine für den Dammbau am Kraftwerk Roßhaupten.

Bodenbelag aus Deutenhausener Sandstein im Kloster St.Mang.

Portal am Eingang zum Klosterhof, gefertigt aus Lechbrucker Sandstein im Kloster St. Mang.

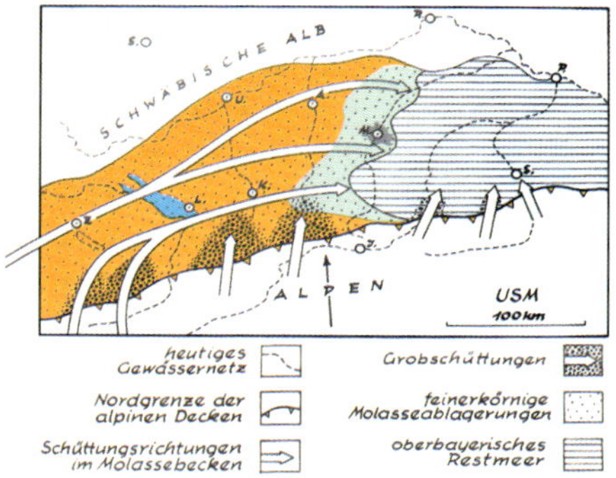

aus: Scholz, 2016

Vor rund 38 Mio. Jahren sank das Molassebecken ein. Flüsse lagerten am Alpenrand in großen Schwemmfächern Kies und Sand ab. Über 1500 m mächtige tonige, dünnbankige Sedimente mit Konglomeraten wurden abgelagert. Schlammlawinen mit Geröllen – ähnlich wie beim Flysch – wälzten sich in die tieferen Bereiche. Darauf deuten Schleif- und Strömungsmarken hin, die wir in den Deutenhausener Schichten beobachten können. Über Jahrmillionen füllten Schlammmassen dieses Becken. Vor rund 28 Mio. Jahren war dort schließlich ein flaches Meer. Zu Stein gewordene Wellen, fossile Muscheln und Pflanzenreste belegen die Brackwasserverhältnisse am Alpenrand. Der hier abgelagerte Sand wurde verfestigt. Aus dieser Zeit stammen die „Bausteinschichten", der „Lechbrucker Sandstein".

Frisch gebrochen hat der Lechbrucker Sandstein eine bläulich-graue Farbe. Die Farbe kommt von den eisenhaltigen Glaukonitkörnern, die im Stein vorhanden sind. Glaukonit ist ein Mineral, das im seichten Meerwasser entsteht. Bei Verwitterung verfärben sich diese Körner durch Oxidation. Der Stein bekommt dann oberflächlich die typische gelbbraune Farbe.

Modell eines Steinbruches am Falchen im Flößermuseum in Lechbruck.

Gebrochener Gips aus den Raibler Schichten.

400 Jahre Faulenbacher Gips – der Rohstoff der Künstler

Das Wasser des Faulenbaches riecht an manchen Stellen merkwürdig schwefelig. Dieser Tatsache verdanken der Bach und das Tal ihren Namen. Der Geruch des Quellwassers stammt von Sulfatgesteinen im Untergrund, die ausgelaugt werden. Gips ($CaSO_4H_2O$) ist hier ein weitverbreitetes Sulfatgestein und bildete durch die außergewöhnliche Landschaft, den Gipsbergbau und Wasserkuren seit der Römerzeit eine wirtschaftliche Grundlage des Faulenbacher Tales.

Die Entstehung

Der Faulenbacher Gips in den Raibler Schichten entstand vor rund 220 Millionen Jahren (Triaszeit) in einem subtropisch-heißen trockenen Klima. Nachdem die Zauberwelt der Atolle (Wettersteinkalk) allmählich verschwand, schwemmten Flüsse Sand und Schlamm in kleinere, seichte Meeresbecken. Aus dem Schlamm hervorgegangene Ablagerungen sind als Sand- und Tonsteine erhalten geblieben. Gleichzeitig entstanden Gipse und Dolomite in abgeschnürten Buchten. Hier kam es in seltenen Fällen zur Eindampfung des Meerwassers und zur Ausfällung von Gipskristallen. Durch eine Laune der Natur entstanden Gipslagerstätten.

Besucher Australiens, die durch das lebensfeindliche Outback zum Ayers Rock fahren, kommen an riesigen Salzpfannen vorbei. Unter ähnlichen Bedingungen entstand der Faulenbacher Gips.

Durch Auslaugung des Gipses können Gipsdolinen entstehen. Der Alatsee ist ein herausragendes Beispiel. Er hat eine in Mitteleuropa einzigartige Schwefelwasserstoffschicht.

Gipsquellen und Gipsgruben

Im Faulenbacher Tal gibt es zahlreiche Gipsquellen. Im Einzugsbereich der Notburgaquelle werden jedes Jahr rund 120 Tonnen Gips aufgelöst. Die Lösungskraft der Gipsquellen ist ungebrochen. Im Jahre 2019 brach deshalb die Straße ein und musste verlegt werden.

Die kleinen Weiher und die zahlreichen zugewachsenen Gipsgruben sind Zeugnisse eines jahrhundertelangen bedeutenden Gewerbes. So wurden noch 1861 250 000 Metzen (etwa 30 000 Sack) pro Jahr gebrochen. Bis zum 1.Weltkrieg wurde Gips abgebaut.

Der Gipsabbau unter der Regie des Klosters St. Mang begann wohl im 16. Jahrhundert. Vor allem im Zeitalter des Lechtaler Barocks und des Rokokos war der berühmte Faulenbacher Gips der Rohstoff für prächtige Stuckarbeiten in kirchlichen und weltlichen Bauten Süddeutschlands. Gipsmühlen im Faulenbacher Tal lieferten Stuckgips z. B. für das Kloster Weltenburg oder das Schleißheimer Schloss. Bekannte Wessobrunner Stuckateure, die hier sogar eine Filiale unterhielten, arbeiteten mit Faulenbacher Gips. Der im Faulenbacher Tal gebrochene und gemahlene Gips fand vor allem durch den günstigen Transport auf dem Lech in ganz Süddeutschland Verwendung.

Die historische Aufnahme vom Ende des 19. Jahrhunderts zeigt eine der wassergefüllten Gipsgruben und die dazugehörigen Betriebsgebäude. Deutlich sichtbar ist ein kleiner Bruch, in dem noch Gips abgebaut wird (Stadtarchiv Füssen).

Im Faulenbacher Tal zeugen noch zahlreiche Gipsgruben vom ehemaligen Abbau.

Der blühende See. In die ehemaligen Gipsgruben entwässern Schwefelwasserstoffquellen. Purpurschwefelbakterien sind auf Schwefelwasserstoff angewiesen. Bei besonderer Lichtintensität, bei bestimmten Temperaturen und sauerstofffreien Bedingungen erblühen die Schwefelpurpurbakterien. Der See strahlt dann rot: ein seltenes Ereignis. Am rechten Bildrand ist die alte Straße sichtbar.

Gipsstuck als Umrahmung der Fresken in der Stadtpfarrkirche St. Mang in Füssen. Diese Stuckarbeiten wurden um 1710 von Wessobrunner Stuckateuren wie Johann Jakob Herkommer, Johann Bader oder Stephan Fischer gefertigt.

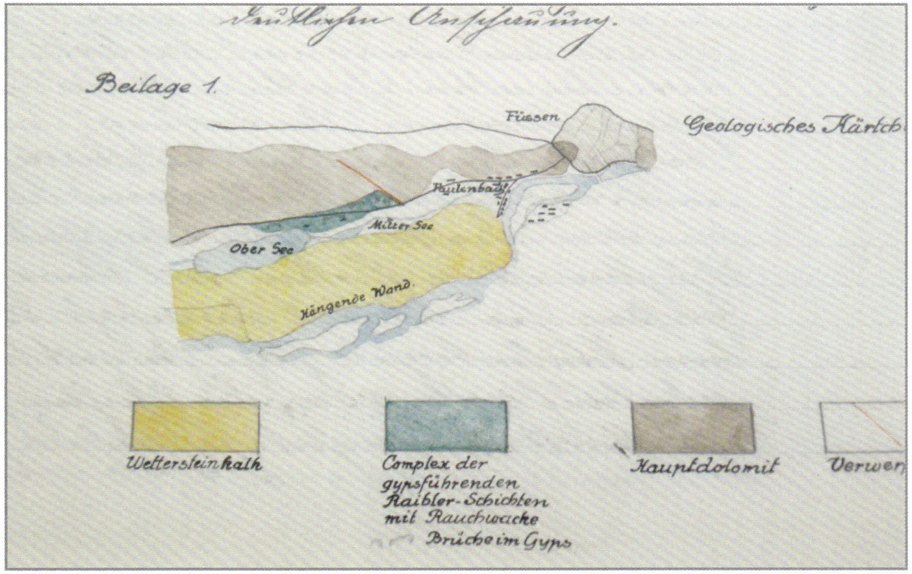

Karte der geologischen Situation im Faulenbacher Tal. Gipsvorkommen der Raibler Schichten. (Beilage zum geologischen Gutachten von L. von Ammon 1895, Stadtarchiv Füssen).

Kunstvoll gestaltete Marmorsäulen aus Gips.

Der Lech in der Füssener Bucht

Der abrupte, spektakuläre Übergang vom Hochgebirge ins flache Alpenvorland ist einem geologisch-tektonischen Zufall zu verdanken. Das Helvetikum und der Flysch liegen in der Füssener Bucht weitestgehend unter den Schottermassen der eiszeitlichen Gletscher. Das kalkalpine Hochgebirge im Süden und die gefaltete Molasse im Norden umrahmen die Füssener Bucht.

Blick auf Füssen und die Füssener Bucht.

Der Lechgletscher und der Lech veredelten die Landschaft: rundgeschliffene Bergrücken, Moränen, Rundhöcker, Drumlins, Seen und Moore. Viele Eiszeitrelikte sind in der Tier- und Pflanzenwelt noch lebendig.

Blick über das Tegelbergmassiv auf die Füssener Bucht. Am linken Bildrand der Säuling, in der Bildmitte die Stadt Füssen und der Lech. Auf der rechten Bildseite das vom Lechgletscher ausgeschürfte Stammbecken mit den Füssener Seen.

Erbe der Eiszeit

Seit 2.6 Mio. Jahren, im Zeitalter des Quartärs, wechseln Warm- mit Kaltzeiten ab. Mindestens neun Kalt- und Warmzeiten, die in der Regel mehrere zehntausend Jahre dauerten, können die Geologen nachweisen. Während der Warmzeiten herrschten ähnliche Bedingungen wie heute. In der letzten Kaltzeit, der Würmeiszeit, lag die Durchschnittstemperatur etwa um 10°C niedriger als heute. Der Lechgletscher rückte vor 30 000 Jahren vor und erreichte vor 25 000 Jahren seinen Maximalstand.

Seit rund 18 000 Jahren ist die Füssener Bucht eisfrei. Die vom Eis geschaffenen Geländeformen und der Lech mit seinen Seitenflüssen verleihen dieser Landschaft eine besondere Note (s. LB 1, S. 70 ff.).

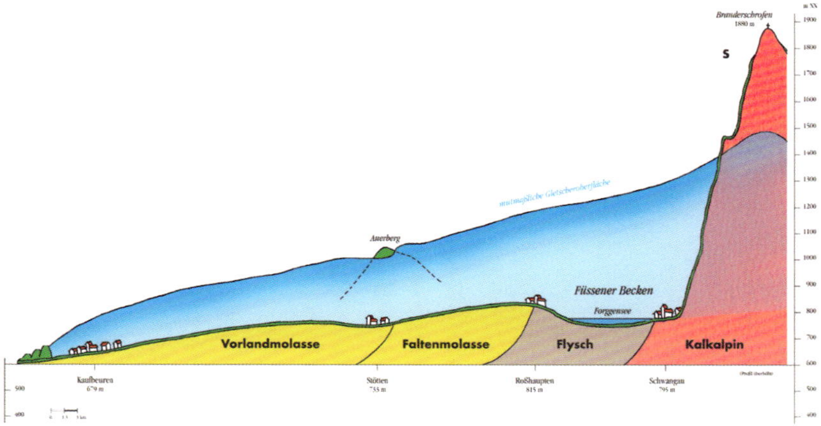

Die vom Eis geschaffenen Geländeformen belegen, dass die größte Ausdehnung bis nördlich von Kaufbeuren reichte (Endmoränen). Am südlichen Rand der Füssener Bucht war die Eisoberfläche auf einer Höhe von etwa 1500 m. Über dem Forggensee lag ein Eispanzer von ca. 700 m. Die Eismächtigkeit sank nach Norden rasch ab, an der Illasbergschlucht auf ca. 400 m. Der Auerberg ragte aus dem Eis.

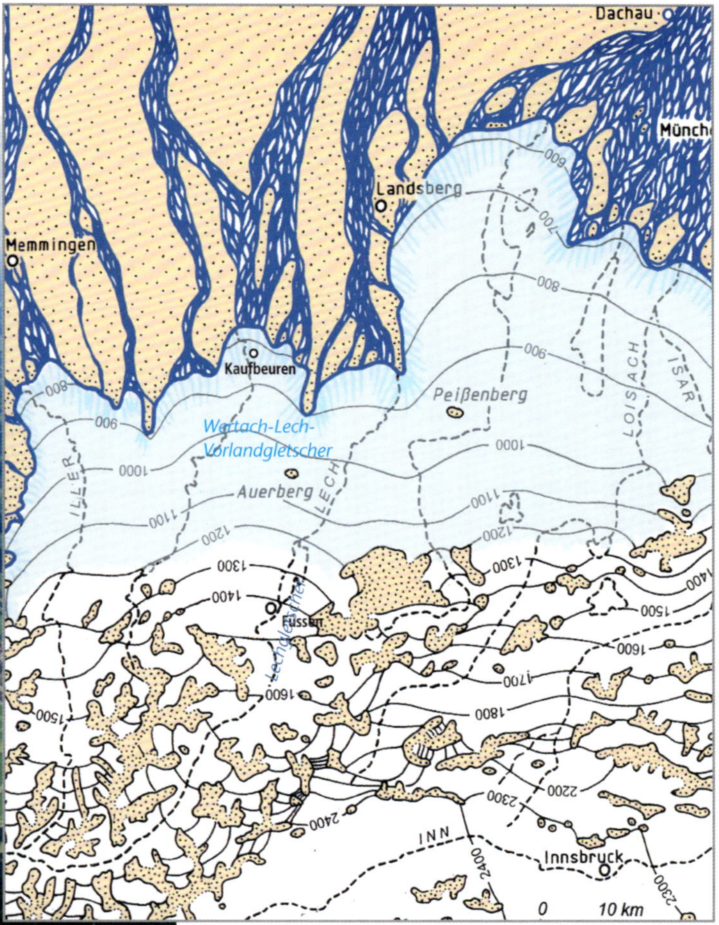

Die Ausdehnung des Wertach-Lech-Vorlandgletschers während des Maximalstandes vor rund 25 000 Jahren (aus: Scholz, 2016).

Füssener Seen

Wie glänzende Augen in der Eiszeitlandschaft leuchten die Seen in der Füssener Bucht. Sie haben eine interessante Vergangenheit.
Der Lechgletscher hobelte – begünstigt durch die besonderen geologischen Strukturen – das Becken aus, in dem nach dem Abschmelzen des Eises nacheiszeitliche Seen entstanden.
Der Querriegel des Falkensteinzuges und die Molasserippe des Illasberges staute das Schmelzwasser. Zwei Seen bildeten sich: der Pfrontener See und der Füssener See.
Die Seesedimente verraten die Geschichte des Füssener Sees.
Der See existierte seit dem Ende der Eiszeit in der Füssener Bucht vor 15 000 Jahren. Er verlandete langsam. Vor rund 8 500 Jahren veränderte sich mit dem Durchbruch des Lech durch den Molasseriegel am Illasberg die Situation. Der Füssener See entleerte sich, Weißen-, Hopfen-, Schwan- und Bannwaldsee bildeten sich. Diese Seen und die vom Eis und Wasser geformten unterschiedlichen Landschaftselemente prägen seitdem das Landschaftsbild.
Heute hat der Lech in der Füssener Bucht seinen Wildflusscharakter verloren, aber die eindrucksvolle Eiszeitlandschaft mit seltenen Tieren und Pflanzen ist noch erhalten geblieben.

Blick auf Bannwaldsee und Forggensee im Abendlicht.

Eiszungen, Eisrandseen, Moränen und Schmelwasserströme am Rande des Inlandeises in Westgrönland. Hier herrschen heute Bedingungen, die mit den Verhältnissen im Allgäuer Alpenvorland vor 25 000 Jahren vergleichbar sind. Prof. Dr. Herbert Scholz erforscht dieses „lebende Eiszeitmodell". In manchen Bereichen veränderten seine Beobachtungen die Vorstellungen über die damaligen Verhältnisse. So ähnlich waren die Verhältnisse auch in der Füssener Bucht. Der Lechgletscher, die transportierten Schuttmassen und das Schmelzwasser hinterließen Spuren. Unmittelbar nach dem Rückzug des Gletschers kam das Leben zurück. Der Tisch war reich gedeckt. Dies erklärt auch, warum schon in der Altsteinzeit (Weißensee) und vor allem in der Mittelsteinzeit in der Füssener Bucht steinzeitliche Siedlungsplätze enstanden.

Der Schwansee ist ein Relikt des Füssener Sees. Im Schwanseepark geben ein eingestürztes Abflussloch und merkwürdige tonige Maulwurfhügel mit fossilen Schnecken wichtige Hinweise auf die damals herrschenden geologischen, klimatischen und biologischen Bedingungen im ehemaligen Füssener See. Schmelzwasserflüsse lagerten am Grund Material ab. Durch Armleuchteralgen und durch eine Verschiebung des chemischen Gleichgewichts beim Austritt von kalkreichem Grundwasser wurde aus dem kalkreichen Wasser Kalk ausgefällt. Seesedimente mit über 95 Prozent Kalkanteil setzten sich am Seeboden ab. Auch Schalenfragmente von Schnecken und Muscheln sind darin enthalten. Diese Seekreide, die von teils tonigen, sandigen oder moorigen Ablagerungen überdeckt sind, erweist sich als ein nicht geschätzter instabiler Baugrund.

Bändertone und Seekreide des Füssener Sees an der Hopfener Ache (Bild links). Die hellen, kalkreichen Seekreiden setzten sich bei einer spürbaren Erwärmung des Klimas ab, die dunkelgrauen Tone bei kälteren Verhältnissen. Maulwurfhügel mit fossilen Schnecken (Bild rechts).

Rundhöcker Bullachberg

Eine Zunge des Lechgletschers bewegte sich nach Osten in Richtung Bannwaldsee. Der isoliert stehende Hauptdolomitriegel Bullachberg war ein Hindernis. Das Eis gestaltete den Felsbuckel stromlinienförmig. An der Luvseite des Felshindernisses schmolz durch den Gletscherdruck das Eis. Es bildete sich ein Gleitfilm und das Eis schmirgelte eine glatte Oberfläche mit Schrammen. Im Strömungsschatten ließ der Druck nach. Eis konnte an der Gletscherbasis festfrieren und an Klüften einzelne Blöcke herausreißen.

Blick von Süden auf Schloss Bullachberg.

Gletscherschliff

Der Bullachberg ist ein idealtypischer Rundhöcker inmitten der von Lechschottern aufgefüllten Schwangauer Ebene. Begründete Anhaltspunkte lassen vermuten, dass hier der Felsuntergrund erst bei rund 70 bis 80 m Tiefe ansteht. Rundhöcker haben eine ähnliche Form wie Drumlins, bestehen aber nicht aus unsortiertem Moränenmaterial, sondern aus anstehendem Fels.

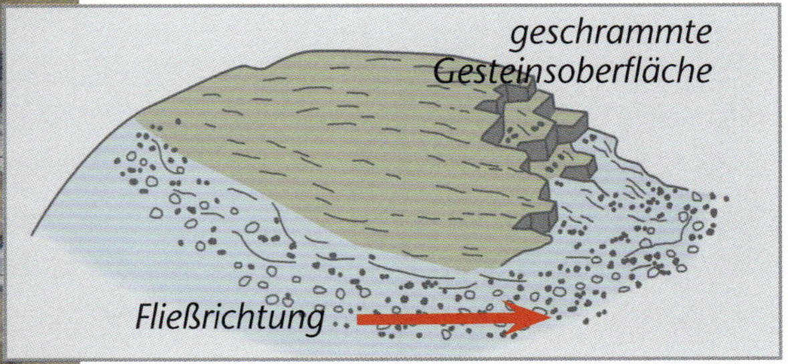

Querschnitt eines Rundhöckers.

Geologische Besonderheiten am Alpsee

Ein Arm des Lechgletschers floss über die Schwan- und Alpseefurche. Deutlich sind der rundgehobelte Schwarzenberg zwischen Alpsee (links) und Schwansee (rechts) und die vom Eis geformten Trogtäler zu erkennen. Das Gletschereis formte die Wanne, aber unter dieser Oberfläche höhlt **„steter Tropfen den Stein"**. Die Entstehung des 60 m tiefen Alpsees hängt mit Verkarstung zusammen. Regentropfen verbinden sich mit dem Kohlendioxid aus der Luft zu kohlensäurehaltigem Niederschlagswasser. Dieses versickert in Spalten und Klüften und löst Kalk aus den Kalkgesteinen (Verkarstung). Der Untergrund wird durchlöchert wie Schweizer Käse: Unterirdische Wasserläufe, Dolinen und Höhlen entstehen.

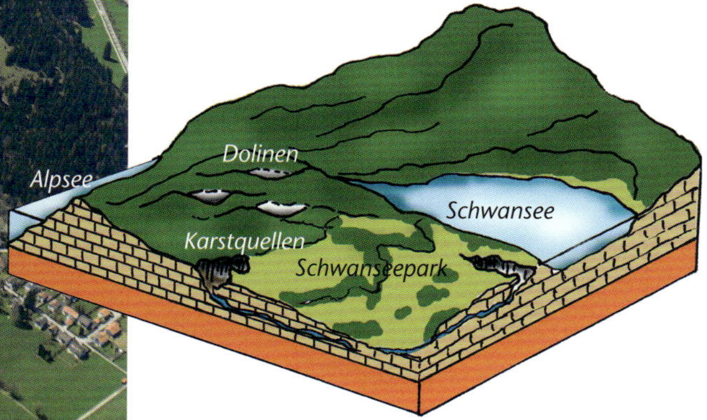

Blick auf Schloss Hohenschwangau, den Alpsee und den Schwanseepark.

2006 brach unmittelbar die Deckschicht ein und aus einer Höhle wurde ein mehrere Meter tiefer Krater, ein sogenannter Erdfall. Da er eine Gefährdung darstellte, wurde er verfüllt.

Der Alpsee liegt über dem Schwansee. Er war nicht Teil des Füssener Sees, hat keinen oberflächlichen Abfluss und entwässert unterirdisch. An der Südseite des Schwansees tritt das Alpseewasser in zahlreichen Karstquellen aus und speist über den „Kalten Bach" den Schwansee.

Oberhalb der Bushaltestelle in Hohenschwangau sind noch kleine Kolke (Gletschermühlen) und glattgeschliffene Felspartien zu sehen. Hier brach das Gletschereis an der Geländekante zur Schwangauer Ebene und Schmelzwässer mit ihren Schottern frästen wie ein Hochdruckreiniger dieses Eiszeitrelikt.

Königliche Landschaft am Alpsee

Kronprinz Maximilian auf dem Alpsee, Gemälde von Lorenzo Quaglio II. (1793-1869) aus dem Jahre 1884.

Naturliebhaber freuen sich über diese Landschaft, die vor allem durch das Gletschereis geschaffen wurde. Ein mindestens 600 m mächtiger Eispanzer räumte den Alpseekessel aus. Der Alpsee wird von kohlensäurehaltigem Quellwasser gespeist, das den Gips im Untergrund auflöst. Aus diesem Grund hat der See eine Tiefe von rund 60 m. Nach der Eiszeit entwickelte sich rund um den Alpsee der für Mitteleuropa typische Laubmischwald. 1832 erwarb Kornprinz Max die Burgruine.

Er war seit seiner Kindheit von dieser Landschaft fasziniert. Sie entsprach seiner romantischen Naturvorstellung: majestätische Berge, dunkle Wälder und ein glitzernder See. Es ist ein Ort der Sagen, mit einer besonderen historischen Vergangenheit. Sie übertraf nach seiner Ansicht die damals typische deutsche Landschaft: die Burgenlandschaft am Rhein. Die königliche Landschaft am Alpsee ist ein Beispiel, wie geologische Prozesse die romantische Seele beinflussen können.

Eiszeitformen im Füssener Land

Der Lechgletscher breitete sich nach dem Überwinden des Querriegels des Falkensteinzuges fächerförmig aus und spaltete sich in unterschiedliche Teilzungen: Bannwaldsee-, Lechtal- und Weißenseezunge. Der vom Gletscher transportierte Geschiebemergel, ein Gemisch aus Ton, Sand und Steinen wurde als Moränen abgelagert. Die Lage der Moränen lässt Rückschlüsse zu, wie sich der Lechgletscher in der Füssener Bucht ausbreitete. Auf einem breiten Teppich von Grundmoränen verleihen Formen wie Drumlins, Schmelzwasserrinnen, Kamesterrassen, Toteislöcher oder Moore der Landschaft eine besondere Note. Auf klei-

nem Raum entstanden nach Rückzug des Lechgletschers vor etwa 18 000 Jahren vielfältige Lebensräume, die in unserer „modernen Kulturlandschaft" selten geworden sind.

Drumlin im Hafenegger Drumlinfeld.

Blick von Nordwesten auf die Füssener Bucht und auf das Ammergebirge sowie die Tannheimer Berge. Weißen-, Hopfen-, Bannwald- und Schwansee sind Relikte des ehemaligen nacheiszeitlichen Füssener Sees. Das Hafenegger Drumlinfeld westlich des Hopfensees an der rechten unteren Bildhälfte ist ein eindrucksvolles Zeugnis der Gletscherbewegungen.

Eiszerfallslandschaft

zwischen Weißensee und Pfronten-Kreuzegg

Blick von Westen auf die Eiszerfallslandschaft zwischen Weißensee und Pfronten-Kreuzegg.

Toteislöcher bei Pfronten-Kreuzegg. Nach dem Maximalstand des Würmeiszeit vor 25 000 Jahren zerfielen die Eismassen. Die zurückschmelzende Gletscherzunge schmolz nicht gleichmäßig ab. Einzelne Blöcke lösten sich vom „lebenden" Gletscher. Dieses Toteis wurde oftmals von Schottern überdeckt. Deshalb schmolz es nur sehr langsam ab. Die darüber liegenden Schichten sackten nach und pausten den aufgelösten Eisblock als Hohlform durch: Abflusslose, meist kesselartige Senken blieben zurück. Manchmal dichteten die feinschluffigen Anteile der Moräne den Boden des Toteislochs ab. Die dadurch entstandenen kleinen Weiher oder Verlandungsmoore sind noch heute ein spezieller Lebensraum für oft bedrohte Pflanzen und Tiere.

Am Rande der Füssener Bucht, am Fuß des Falkensteins, zwischen Weißensee und Pfronten-Kreuzegg, finden sich modellhaft wesentliche Merkmale einer Eiszerfallslandschaft und der späteren landwirtschaftlichen Nutzung: Toteislöcher, Schmelzwasserrinnen, Kamesterrassen und späteiszeitliche Buckelwiesen mit botanisch wertvollen Magerrasen.
Mit dem Eisrückzug eroberten Pflanzen und Tiere unmittelbar am Rande des Eises ihren Lebensraum zurück. Im Laufe der Jahrtausende bildete sich durch Verwitterung der Gesteine und aus den Zersetzungsprodukten der Pflanzendecke eine dünne Humusschicht. Die Bauern nutzen seit Jahrhunderten diese als Viehweiden und in günstigen Lagen als Mähwiesen. Die Folgen der Eiszeit schufen die Voraussetzungen für die Allgäuer Milchwirtschaft und ein eindrucksvolles Denkmal der Landschaftsentwicklung.

Blick auf die Eiszerfallslandschaft. Am Eisrand bildete sich ein Eisrandstausee. Das Zusammenspiel von Eis und Ablagerungen durch Schmelzwasserflüsse formte nach dem Abschmelzen oft eine Sonderform, sogenannte Kamesterrassen. An die vom Gletscher abgelagerten steileren Moränen schmiegt sich eine flachere Terrasse mit fein geschichteten Flusssedimenten.

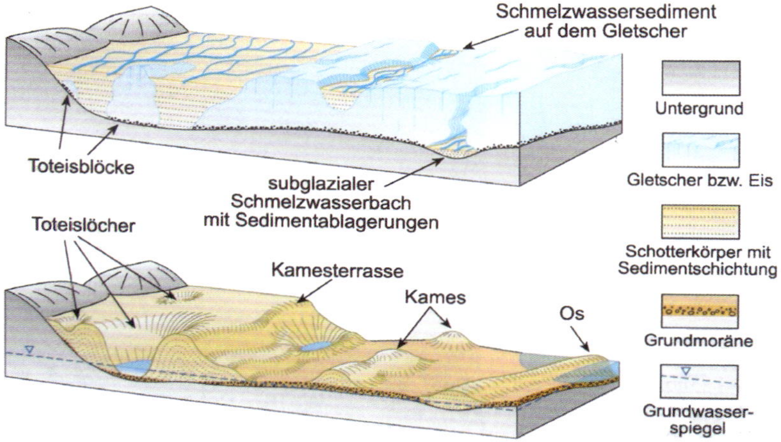

Schematische Skizze der Entstehung einer Eiszerfallslandschaft (aus: Hundert Meisterwerke 2012).

Eiszerfallslandschaft

im Naturschutzgebiet Bannwaldsee

Blick von Norden auf die Eiszerfallslandschaft am Bannwaldsee. Im Hintergrund das Ammergebirge mit den Flyschbergen und dem kalkalpinen Tegelberg und Säuling.

Der ins Vorland fließende Lechgletscher hobelte Berge, überformte Kerbtäler zu Trogtälern und schürfte das Stammbecken aus, in dem der Füssener See entstand. Die vom Gletscher mitgeführten Kiese und Feinsedimente wurden als Moränen abgelagert. Das zurückschmelzende Gletschereis schuf wieder neue Formen in einer „Eiszerfallslandschaft". Eine dieser außergewöhnlich schönen Eiszerfallslandschaften ist das „Naturschutzgebiet Bannwaldsee". Drumlins, Moore, Kalkmoorquellen oder Magerrasen haben hier kleinräumig unterschiedliche Lebensräume geschaffen, die eine einzigartige Biodiversität bieten.

Drumlins

Drumlins (gälisch „Druim" für Höhenrücken) entstehen, wenn ältere, Schmelzwasserschotter beim erneuten Vorrücken eines Gletschers überfahren werden. Im Kern dieser Drumlins liegen gepresste, ältere Schmelzwasserkiese, die gewöhnlich von einem Deckel aus jüngeren Geschiebemergeln überdeckt werden. Die Mächtigkeit dieses Deckels kann zwischen einem und vielen Metern variieren.

Die asymmetrische Ellipsenform zeigt die Richtung der Eisbewegung an. Die steile Seite der Drumlins befindet sich immer auf der Stoßseite des Eises. Die Tropfenform ist, nach dem Gesetz der Strömungsdynamik, die des geringsten Widerstands. Drumlins sind meist wechselständig angeordnet. In der Füssener Bucht fächerte sich der Lechgletscher in mehreren Loben auf. An den Schnittstellen liegen meist große Drumlinfelder wie bei Rieden oder zwischen Forggen- und Bannwaldsee. Sie lassen beim Betrachter ein Bild von grünen Walfischrücken in einem grünen Meer entstehen.

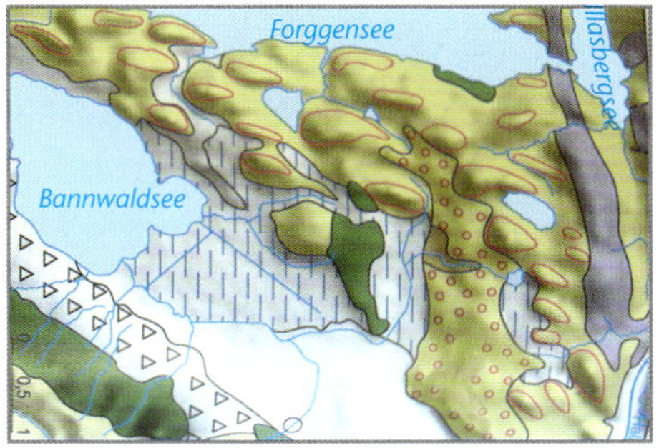

Schematische Darstellung der-Drumlinfelder im Bereich des Bannwaldsees (aus: Scholz & Zacher, Geotope in Schwaben, 2009).

Blick von Nordosten auf die Eiszerfallslandschaft zwischen Forggensee und Bannwaldsee mit Drumlins, Toteislöchern, Kamesterrassen und Schmelzwasserrinnen. Im Vordergrund der Kühmoossee und rechts der Schapfensee, am oberen Bildrand Tegelberg, Säuling, der Bannwaldsee und der Forggensee.

In den Riedener Drumlinfeldern ist auch eine andere Art der Entstehung von Drumlins beobachtet worden. Sie entstanden durch die hohe Auflast des Eises in Kombination mit sogenannten „hydraulischem Grundbruch" an der Gletscherbasis. Die Schichtung in diesen Kiesen ist dadurch stark deformiert worden und steht teilweise senkrecht. Diese Drumlins entstehen dadurch, dass vorher schon existierende, geschichtete Schmelzwasserkiese bei hohem hydrostatischen Druck schlagartig in Hohlräume an der Eisbasis nach oben gepresst und dann vom Eis stromlinienförmig überformt werden (freundliche mündliche Mitteilung von Prof. Dr. Herbert Scholz). Die Entstehung dieses Drumlintyps unter dem Gletschereis ist in der Antarktis durch seismische Untersuchungen indirekt beobachtet worden.

Blick auf das Riedener Drumlinsfeld am Westufer des Forggensee. Am rechten Bildrand die Gemeinde Rieden.

Der Hegratsrieder See – ein „Auge Gottes“

Der Hegratsrieder See liegt am Rande eines Drumlins in einer Schmelzwasserrinne. Er wurde durch einen künstlichen Damm aufgestaut. Solche Weiher wurden als Fischweiher im Mittelalter intensiv genutzt, um die Menschen mit wichtigem Eiweiß zu versorgen. Sie wurden deshalb im Volksmund auch „Augen Gottes“ genannt.
Heute wecken diese Schätze aus der Eiszeit die romantische Seele der Menschen.

Schieferkohle am Pfefferbichl – ein Stück Zeitgeschichte

Ein kleiner Wald unterhalb des Kühmoossees nordwestlich von Berghof (Gemeinde Halblech), unscheinbar, aber ein besonderes Kapitel der Zeitgeschichte. Es ist eine der wenigen Stellen in der Eiszeitlandschaft der Füssener Bucht, in der Reste einer älteren Eis- und Warmzeit (Riss/Würm-Zwischeneiszeit) erhalten geblieben sind. Die darin gefundenen zwischen 115 000 und 130 000 Jahre alten Hölzer stammen aus der letzten Warmzeit. Der zu dieser Zeit bestehende Laub-Mischwald wurde vom würmeiszeitlichen Lechgletscher überfahren und zu Schieferkohle geplättet. Nach dem 2. Weltkrieg wurde in der wirtschaftlich schwierigen Zeit diese Schieferkohle abgebaut. Energie war knapp, aber vor allem fanden hier Heimatvertriebene Arbeit. Bereits nach wenigen Jahren wurde der unrentable Abbau wieder eingestellt.

Über einer Grundmoräne, die vom Lechgletscher in einer älteren Eiszeit (Rißeiszeit) abgelagert wurde, liegt eine tonige Schichtfolge, in die mehrere Schieferkohleflöze eingelagert sind. Darüber liegt Geschiebelehm (Grundmoräne) aus der letzten Eiszeit (Würmeiszeit).

In dieser Schicht fand ein Bergarbeiter beim Abbau der Schieferkohle den „Buchinger Mammutzahn“.

Die Schieferkohle enthält flachgedrückte Stämme, Äste und andere Holzreste. Es handelt sich um Reste von Tannen, Erlen, Hainbuchen, Eichen und Linden. Ein artenreicher Mischwald bestand vor rund 120 000 Jahren. Die hier anzutreffenden bis zu 3 m mächtigen Schieferkohlen lassen auf ein ursprünglich mindestens 15 m mächtiges Torflager schließen. Diese Baumstämme wurden durch den Druck und das Gewicht des Gletschers gepresst und verdichtet. Unter Luftabschluss wurden sie zu einer jungen Kohle mit einem geringen Heizwert. In den höheren Abschnitten der Schieferkohleflöze nimmt der Anteil der Baumpollen auffallend stark ab. Es ist ein deutlicher Hinweis auf ein kühler werdendes Klima. Die nächste Eiszeit kündigte sich an.

1917 wurde dem Füssener Stadtrat ein Vorkommen von „Braunkohle" am Pfefferbichl bei Buching angezeigt. Das Oberbergamt in München war skeptisch. Da kein Bedarf bestand, verfolgte man diese Erkenntnis zunächst nicht weiter. Schließlich wurden doch Probebohrungen durchgeführt, mit denen die Ausdehnung und Bauwürdigkeit der Lagerstätte erkundet werden sollten. Nach dem 2. Weltkrieg wurde dieses Vorkommen interessant. Ein Strukturprogramm der Bayerischen Staatsregierung sollte für die Heimatvertriebenen Arbeitsmöglichkeiten schaffen. Flüchtlinge aus Mähren, dem Egerland und Schlesien, die Erfahrung im Kohleabbau mitbrachten, bauten im Untertagebau die Schieferkohle ab. Im April 1948 waren 49 Leute in der „Buchinger Braunkohlengrube" beschäftigt. Auf einem Areal von etwa 7 - 8 ha entstanden Stollen und Strecken von insgesamt 2300 m. 1949 wurde wegen Absatzschwierigkeiten der Abbau eingestellt.

Heute erinnern die Schieferkohle im künstlich geschaffenen Tobel bei Berghof, verfallene Stolleneingänge und immer wieder metertiefe, kraterartige Senken durch einbrechende alte Stollen auf den umliegenden Wiesen an ein Stück Zeitgeschichte.

Kalkmagerrasen

An den „Leitenhängen" am Ostufer des Forggensees und in der Drumlinlandschaft am Bannwaldsee liegen die größten zusammenhängenden Magerrasenkomplexe im Alpenvorland. Es handelt sich um extensiv genutzte Wiesen und Weiden auf trockenen, nährstoffarmen und wasserdurchlässigen Böden. Vor allem auch einer jahrhundertelangen Bewirtschaftung durch unsere Bauern verdanken wir diese wertvollen Magerrasen (Halbtrockenrasen).

Diese Rückzugsgebiete für zahlreiche bedrohte Tier- und Pflanzenarten sind in der jüngsten Vergangenheit weniger geworden. Nur noch 3-5 % der ehemaligen Vorkommen haben in Bayern überlebt. Dieses Naturerbe zu erhalten, ist von herausragender Bedeutung.

Die Eiszerfallslandschaft zwischen Bannwaldsee und Forggensee. In der Bildmitte der Hergratsrieder See. Auf Drumlins und Moränen – verzahnt mit Quellmoooren und Streuwiesen – befinden sich noch große Magerrasenstandorte. Die große zusammenhängende Fläche am Ostufer des Forggensees ist ein wichtiges Puzzleteil in der Florenbrücke entlang des Lech.

Dieser arten- und blütenreiche Kalkmagerrasen entwickelte sich vor allem auch durch eine extensive Bewirtschaftung. Kleinräumig wechseln unterschiedliche Lebensräume. Die Verzahnung von trockenen Standorten mit Mehlprimeln, Enzianen, Knabenkräutern, Klebrigem Lein und Quellaustritten mit Sumpfgladiolen sind eine besondere Rarität geworden.

Der Landwirt Josef Stöger von Hergratsried bei der Pflege seiner besonders wertvollen Wiesen, die im Frühjahr ihre Pracht entfalten.

Kalktuffquellen an der Petershalde

Der wilde Halblech reichte früher bis an den Hangfuß der Moräne, auf der die Pestkapelle St. Peter steht. Hier am Rande der Moräne und der Halblechaue befindet sich ein besonderes Naturphänomen: Kaskaden aus Kalktuff.

Regenwasser und Kohlendioxid verbinden sich zu Kohlensäure. Diese löst aus den in der Moräne verbackenen Gesteinsbrocken und Schlamm Kalk. Das kalkreiche Wasser im Inneren der Moräne steht unter erhöhten Druck. Dadurch kann das Wasser noch mehr Kalk lösen.

Tritt das Wasser in den Quellen aus, sinkt der Druck, die Wassertemperatur steigt und ein Teil des Kohlendioxids entweicht. Dadurch wird der im Wasser gelöste Kalk in Form von Calciumcarbonat ausgeschieden. Zusätzlich spielen Organismen, die im Quellwasser leben, eine Rolle. Ein großer Teil des Kalkes wird durch Mikroben über Photosynthese während des Tages ausgefällt. Die Stängel und Blättchen werden mit harten, hellgrauen Krusten überzogen. Es bildet sich Kalktuff. Mit der Zeit werden sie oft meterdick. Der Hang lebt.

Dieser poröse Kalktuff war als Baustein sehr geschätzt. Im bergfeuchten Zustand sind es leicht zerreibbare, löchrige Gesteine. So lassen sie sich mit geringem Aufwand zu Quadern behauen. Nach der Austrocknung werden die Steine sehr hart. Durch die poröse Struktur haben sie eine sehr gute Wärmeisolation. Heute haben künstlich hergestellte Porenbetonsteine ähnliche Eigenschaften.

In den römischen Villen (Beispiel: villa rusticae im Forggensee und am Tegelberg), in Schlössern und Kirchen und in Herrschaftshäusern wurde er über Jahrhunderte verbaut. Es war der Stein der Reichen.

Kalktuffkaskaden unterhalb der Petershalde (Bild links oben). Kalktuffquadern über Jahrhunderte ein begehrter Baustein (Bild links). Stängel werden mit Kalkkrusten überzogen (Bild rechts).

Kalkmoorquellen
am Bannwaldsee

Am Südufer des Bannwaldsees kann man an windstillen Tagen weiße Schlieren im Wasser beobachten. Kalkreiches Grundwasser aus den Moränen tritt in Quelltrichtern aus. Kalkschwämme färben den ufernahen Seeuntergrund weiß. Da dieses Wasser aus den Hangquellmooren eine relativ gleichbleibende Temperatur von 10 °C aufweist, bilden sich an kalten Wintertagen kleine Nebelbänke über den Quelltrichtern. In strengen Wintern ist hier an manchen Stellen nur eine dünne Eisschicht ausgebildet, die Eisläufer schon zum Verhängnis wurde.

„Zaunkultur" im Naturschutzgebiet Bannwaldsee

Zäune sind ein Charakteristikum unserer Kulturlandschaft, das zu verschwinden droht. Dieser Zaun wird über Generationen nachhaltig „geflickt". Wenn dieser Zaun reden könnte!
Im Naturschutzgebiet Bannwaldsee ist seit der letzten Eiszeit nicht nur eine Gletscherlandschaft erhalten geblieben, sondern eine für das Alpenvorland typische landwirtschaftliche Nutzung. Seit dem Mittelalter wirtschaften und pflegen die Bauern die besondere Form der Gemeinschaftsweide, die „Allmendweide". Heute zum Teil im Privatbesitz, werden die traditionellen Moorflächenweiden als Jungviehweiden so extensiv wie der Zaun genutzt.
Es ist wertvolle Arbeit zum Erhalt der großen Artenvielfalt.

Birnbaumer Filz

Im Oktober 2010 fand Martin Holzmann in der Trauchgauer Kiesgrube einen Mammutstoßzahn. Mammuts waren im Spätglazial Bewohner der eiszeitlichen Allgäuer Tundra. Vermutlich haben hier Moschusochsen, Rentiere und Mammuts gelebt.

Die Funde der Mammutzähne vom Pfefferbichl in Buching und in Schwangau und von Rentiergeweihen aus dem Bereich des Forggensees belegen, dass in der nacheiszeitlichen Allgäuer Tundra der Tisch für die steinzeitlichen Jäger reich gedeckt war.

Blick von Süden auf das Birnbaumer Filz. Es ist der verlandende Teil des ehemaligen Füssener Sees. In der linken Bildhälfte der Ortsteil Trauchgau (Gemeinde Halblech) mit der Kiesgrube. Rechts davon das Birnbaumer Filz. Im Hintergrund die Mündung des Halblechs in den Premer Stausee.

Mammutstoßzahn, Dauerleihgabe der Fa. Geisenberger-Holzmann, Dorfmuseum Trauchgau.

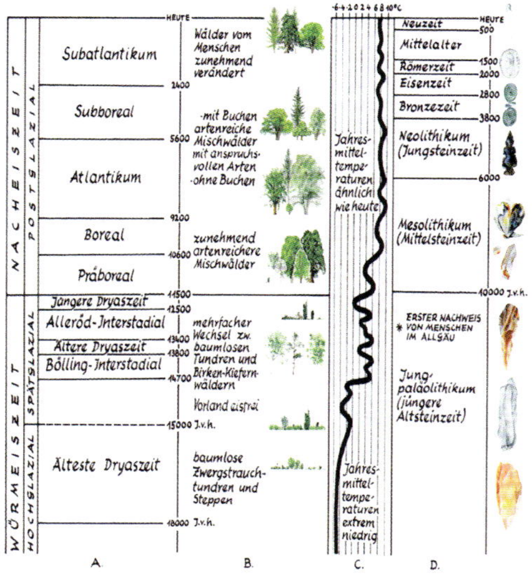

Schematische Gliederung Hochglazial der Würmeiszeit und der Nacheiszeit
A: Pollenanalytisch begründetes Gliederungsschema des Spät- und Postglazials
B: Florenbilder des Alpenvorlandes
C: Entwicklung der Jahresmitteltemperatur
D: Menschliche Kulturstufen
Das Mammut aus Trauchgau hat wohl im Spätglazial in einer baumlosen Tundra gelebt (aus: Scholz, 2016).

Moränenwälle am Rande des ehemaligen Lechgletschers.

Moschusochsen vor dem Inlandeisrand in Westgrönland. Ähnliche Verhältnisse herrschten auch am Rand des Lechgletschers.

Vom „Flößerdorf am Lech" zu „Lechbruck am See"

Blick von Norden auf die Brücke von Lechbruck.

Die Brücke

In kleinen Kaskaden überwindet der Lech den Molasseriegel aus Sandsteinen und Nagelfluh, den sogenannten Baustein- und Weißachschichten. Der Lech verlässt hier endgültig das Gebirge. Er fließt nun ohne größere Hindernisse zur Donau.

Auf dieser geologischen Grundlage basiert die Geschichte Lechbrucks. Hier war im weiten Umkreis die günstigste Stelle, eine Brücke über den Lech zu errichten.

Flößerszene um 1900.

Das Flößerdorf

Der Lech war früher ein Wildfluss, der wegen seiner vielen Flussarme und der unterschiedlichen Wasserführung im Jahresverlauf für Schiffe ungeeignet war, auf dem aber Waren mit dem Floß sicher und schnell transportiert werden konnten.
Viele Steine aus der Füssener Gegend und aus Lechbruck verbauten die Römer in Augsburg. Diese Tatsache stützt die Vermutung, dass bereits die Römer den Lech als Wasserweg nutzten.

Erste schriftliche Zeugnisse aus dem frühen 14. Jahrhundert belegen, dass Lechbrucker Flößer seit dem Mittelalter Lebensmittel, Holz, Holzkohle, Kalk, Bau- und Steinmetzmaterial aus den Füssener Steinbrüchen und vor allem auch aus dem Sandsteinbruch am Falchen flößten. Es war über Jahrhunderte ein blühendes Gewerbe, von dem auch heimische Handwerker und Händler profitierten.

Im 19. Jahrhundert ging der Holzhandel rapide zurück. Das Aus für die Flößerei aber kam Anfang des 20. Jahrhunderts mit dem Bau der Eisenbahn. Lechbruck verlor seine wichtigste wirtschaftliche Grundlage.

Wandbild am Anwesen Flößerstraße 8.

Lechbruck am See

Nach dem Zweiten Weltkrieg verdoppelte sich die Einwohnerzahl durch die Aufnahme von Heimatvertriebenen. Kleine Textilbetriebe, weitere Handwerksbetriebe und ein metallverarbeitender Betrieb siedelten sich an. Die Fertigstellung des Urspringer Stausees 1971 brachte für Lechbruck neue Impulse. Seitdem ergänzen touristische Einrichtungen wie der Campingplatz am See, zwei Feriendörfer und Beherbungsbetriebe eine solide wirtschaftliche Struktur. Aus dem „Dorf am Lech" mit seiner jahrhundertealten Flößertradition wurde 1999 offiziell „Lechbruck am See". Eine Gemeinde, die auch mit dem Flößermuseum die Erinnerung an ihre Vergangenheit bewahrt und sich gleichzeitig den neuen Herausforderungen stellt.

Blick von Nordosten auf Lechbruck am See.

Wandel einer Landschaft

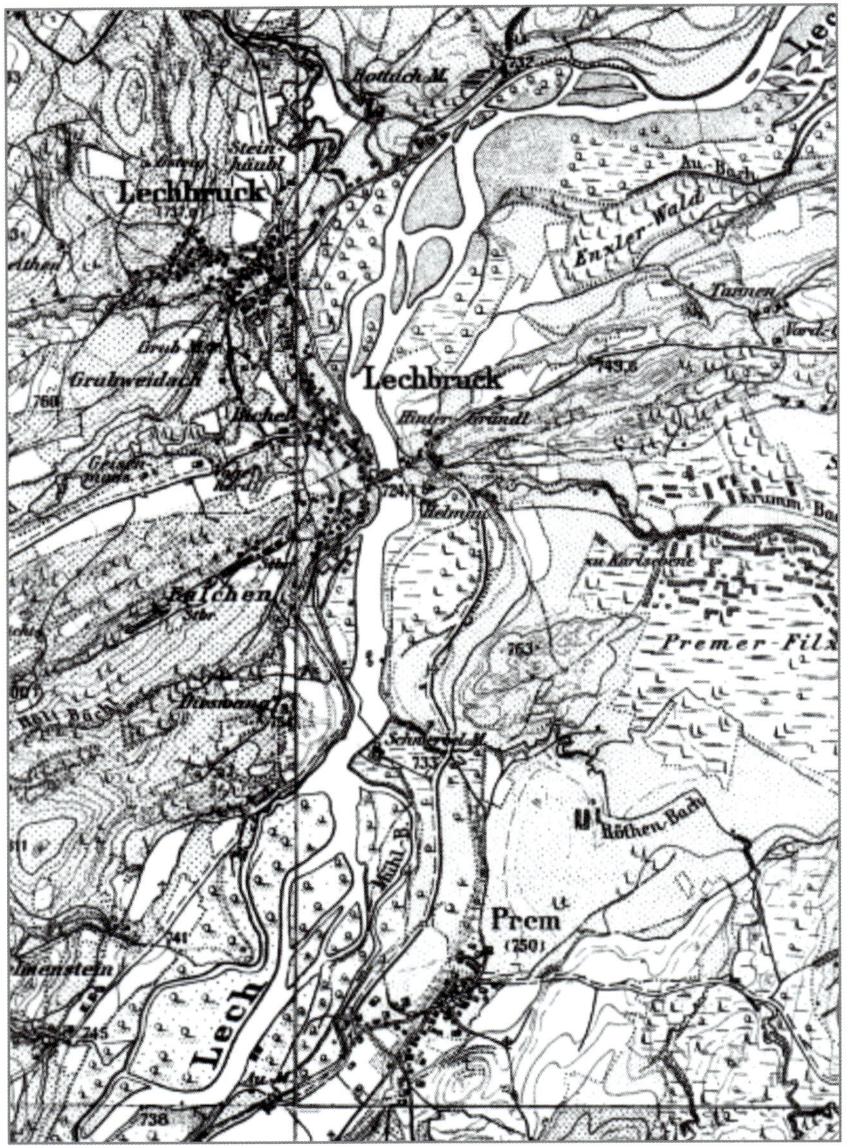

Lechbruck und Prem um 1910 (Ausschnitt topografische Karte).

Lechbruck am See und Prem 2024.

Der Eiszeitsee

Blick auf Eiszeitseen in Westgrönland.

Der Füssener See am Ende der Eiszeit.

Der Wildfluss

Jahrtausende floss der Wildfluss Lech durch die Füssener Bucht.

Der Stausee

1954 entstand mit dem Forggensee eine neue Landschaft.

Der Mensch als Landschaftsgestalter

Blick von Norden auf das Kraftwerk Roßhaupten. Oberhalb des Kraftwerks die versunkene Illasbergschlucht und der Forggensee.

Seit über hundert Jahren beschäftigen sich Wasserbauer intensiv mit den Möglichkeiten, Strom mit der Wasserkraft des Lech zu gewinnen. Etwa 2,1 Mrd. cbm Lechwasser fließen jährlich durch Füssen, drei Viertel davon in den Monaten April bis September. Deshalb war von Anfang an klar, dass diese Wasserkraft nur durch den Bau von Speicherkraftwerken optimal genutzt werden kann.

Bereits 1898 erwarb vorausschauend die Firma Siemens die Erlaubnis, eine Wasserkraftanlage in der Illasbergschlucht zu errichten. Das Projekt wurde nicht verwirklicht. In dieser Zeit beschäftigte sich die Oberste Baubehörde, das „Königlich Hydrotechnische Büro", mit der Projektierung eines Lechspeichers zwischen Füssen und Roßhaupten. 1910 wurde in einer Denkschrift die Nutzung der Wasserkraft am Lech vorgestellt. Der 1. Weltkrieg und die Folgen der Weltwirtschaftskrise verhinderten die Ausführung. In den 1930er-Jahren stieg durch die Elektrifizierung der Bahn-

linien und durch den Bau von Aluminium- und Magnesiumwerken der Strombedarf sprunghaft. Die Nutzung der Wasserkraft des Lech stand wieder im Mittelpunkt. Deshalb wurde 1940 die BAWAG (Bayerische Wasserkraftwerke AG) gegründet. Im Vertrag wurde festgelegt, dass dieses Unternehmen den Zweck zu verfolgen hatte, den Lech auf der Fließstrecke zwischen Füssen und Augsburg im Interesse des Gemeinwohls zur Energieerzeugung auszubauen. Die dabei zu errichtenden Kraftwerksstufen sollen in einer wirtschaftlich zweckmäßigen Weise einheitlich betrieben werden. Das uneingeschränkte Wasserrecht nach der Inbetriebnahme der einzelnen Kraftwerke wurde für 90 Jahre zugesichert. Die Planungen für den Bau des „Lechspeichers Roßhaupten" liefen daraufhin auf Hochtouren. Der Zweite Weltkrieg unterbrach abrupt die Vorbereitungen. Nach dem Ende des Zweiten Weltkriegs herrschte in Bayern ein eklatanter Energienotstand. Der Bayerische Landtag billigte am 30. Oktober 1950 den Bau des Lechspeichers Roßhaupten. Bereits am 2. November 1950 wurde mit den Bauarbeiten begonnen. Mit der Fertigstellung des Kraftwerks Roßhaupten 1954 wurde dem Speicher am 21. Juli 1954 der offizielle Name „Forggensee" verliehen.

Blick auf den Forggensee im Frühjahr.

Der Halblech

– der kleine Bruder des Lech

Der Halblech ist neben der Wertach der größte bayerische Nebenfluss des Lech und an 290 Tagen im Jahr ein lebendiger Gebirgsbach. Aber nach Starkregen wird er zu einem gefährlichen Wildfluss mit Hochwasserspitzen bis zu 200 cbm/s und einer hohen Geschiebefracht. Der Halblech teilt ein ähnliches Schicksal wie der Lech: Auf seinem 15 Kilometer langen Weg aus dem Gebirge kann der aufmerksame Besucher die für Alpenflüsse typische Flussgeschichte überblicken: Im Oberlauf lebt noch

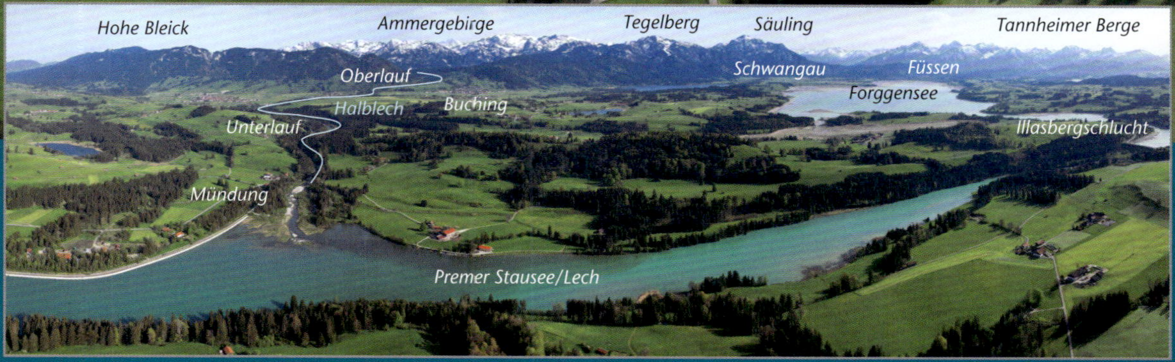

ein „letzter Wilder“ mit einer typischen Umlagerungsstrecke und im Unterlauf wurde nach dem „Jahrhunderthochwasser von 1910“ kanalisiert. Die ständig neu abgelagerten Gerölle im Mündungsbereich des Halblech in den Lech (Premer Stausee) verdeutlichen die Dynamik des Flusses.

Geologie und Eiszeit im Halblechtal

Blick von Südwesten auf das Halblechtal. Der „Flysch" mit der Hohen Bleick und dem Wolfskopf grenzt an das „Kalkalpin" mit den Hauptdolomitbergen Firstberg und Grubenkopf. Am rechten Bildrand der Wankerfleck. Im Halblechtal begegnen sich zwei tektonische Einheiten, das „Kalkalpin" und der „Flysch". An der Nahtstelle zwischen den grünen Flyschbergen und den schroffen kalkalpinen Bergen fließt der Halblech mit seinen Zuläufen Lobentalbach und Röthenbach ins Vorland.

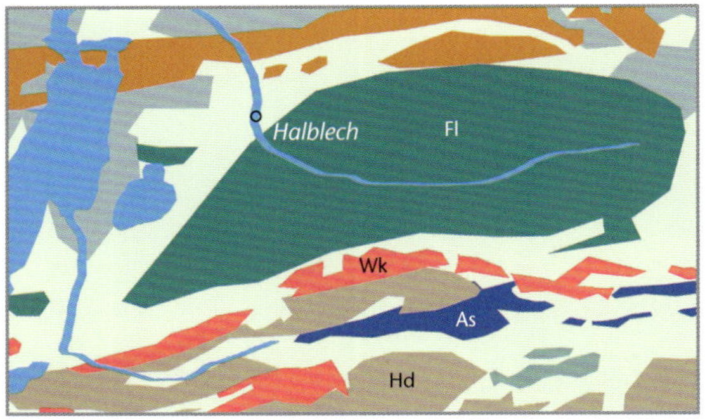

Geologische Übersicht

Hd = Hauptdolomit
As = Allgäuschichten
Wk = Wettersteinkalk
Fl = Flysch
Mo = Molasse

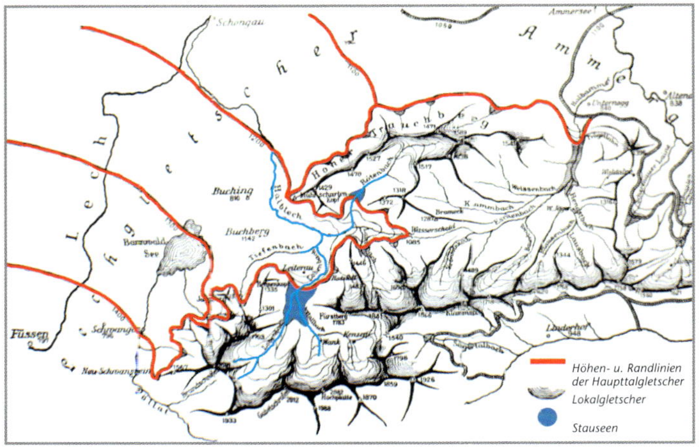

Eiszeitliche Vergletscherung (verändert nach Klebelsberg, 1914).

Am Rande der Füssener Bucht breitete sich das alpine Eisstromnetz ins Alpenvorland aus. Die Firnlinie, die Trennlinie zwischen Nähr- und Zehrgebiet, lag bei rund 1500 m. Die Mächtigkeit des Eises nahm kontinuierlich ab. Bei Buching lag die Gletscheroberfläche, belegt durch Moränen und gekritztes Geschiebe, bei rund 1300 m. Ein Arm des Gletschers füllte das Halblechtal bis zur Wasserscheide (1085 m) und im Lobental bis zur Leiterauhütte (Speichersee). Dieser Seitenarm des Lechgletschers wurde von Lokalgletschern umrahmt.

Blick von Südwesten auf das Lobental. Oberhalb des Lechgletscherarms bildete sich im Lobental ein Eisrandstausee, dessen Seespiegelhöhe bei etwa 1090 m lag. Die heute im Gelände sichtbaren Ablagerungen ermöglichen eine Rekonstruktion der damaligen Verhältnisse. Zunächst lagerten sich in diesem See feine Sedimente als Bändertone ab. Dann wurde der See rasch mit gröberem Geschiebe und Flussgeröllen aus dem darüber liegenden Lokalgletscher gefüllt.

Mit dem Rückzug des Eises wurden die Bergflanken instabil. Bergstürze und Rutschungen waren die Folge. Die zahlreichen größeren und kleineren Felsbrocken, die heute am Hangfuss in den Wäldern liegen, stammen von Bergstürzen. Noch heute liegen diese glazialen Schotter im Lobental.

Marmorabbau im Lobental

Mit dem Rückzug des Eises wurden die Bergflanken instabil. Bergstürze und Rutschungen waren die Folge. Der große Findling aus „buntem Jurakalk", der heute im Staubereich des Stausees liegt, stammt von einem nacheiszeitlichen Bergsturz. Er hat eine besondere Geschichte.

In den 1940er-Jahren blühte der Markt für Steinmetzarbeiten aus rotem Marmor. Der Steinmetz Anton Griesbeck hatte einen Vertrag über den Abbau eines riesigen Eisbergfindlings aus rotem Marmor im Lobental. Ein Dieselkompressor setzte ein 600 m langes Stahlseil in Bewegung. Es waren vertikale Schnitte bis 5,8 m und horizontale bis 30 m möglich. Es war die leistungsstärkste Steinsäge der damaligen Zeit. Tonnenschwere Blöcke wurden aus dem Findling herausgeschnitten. Dieser sog. „Kohlstich-Marmor-Rosa" wurde in der 1944 zur Marmorschleifmühle umgebauten Schleifmühle am Halblech vor allem zu Portalen, Fensterbrettern und Wandbekleidungen verarbeitet. Darunter waren auch Aufträge für den Dom zu Augsburg. Heute ist der Rest dieses Eiszeitrelikts ein ungewöhnliches Kulturdenkmal und ein besonderes Geotop.

Marmorsäge am Halblech, die Bauruine wurde 1971 abgebrochen, dieselbe Stelle heute.

Tabernakel in der Pfarrkirche in Bayerniederhofen, angefertigt aus „Lobentalmarmor".

Bild links: Dieser Eiszeitfindling aus buntem Jurakalk war die Grundlage für die Marmorverarbeitung am Halblech.

Bild rechts: Die glatten Flächen stammen von der leistungsfähigen Stahlseilsäge.

Der Halblech – Wandel einer Flusslandschaft

Blick von Südwesten auf den gesamten Flussverlauf des Halblech.
Der Halblech ist einer der gefährlichen Wildbäche in den bayerischen Alpen. Die Rezeptur dafür lautet: häufige Starkregen, erosionsanfällige Flyschhänge und große Mengen Schotter aus der Eiszeit. Die Chronik berichtet von zahlreichen Hochwasserereignissen in den vergangenen Jahrhunderten. Allein zwischen 1860 und 1910 verbreiterte sich der Halblech im Unterlauf auf das Doppelte. Jedes Hochwasser bedrohte Häuser, Wiesen und Straßen.
Der Fluss hatte für die Holzbauern aus Buching und Trauchgau eine große wirtschaftliche Bedeutung. Baumstämme wurden bis Ende des 19. Jahrhunderts nach Prem und Lechbruck getriftet und dort an die Floßmeister verkauft. Der Wald war ein wichtiger wirtschaftlicher und sozialer Faktor in der Gemeinde Halblech. Ab 1890 wurde die Straße entlang des Halblech durch den Durchbruch bei Zwingen (Rabennest) nach Lechbruck gebaut. Dadurch konnten schnell und kostengünstig große Mengen an Langholz zur Bahnstation in Lechbruck transportiert werden. Der Holzhandel erlebte einen Aufschwung. Durch die verbesserten wirtschaftlichen Bedingungen wurde der Wald im Halblechtal aber auch intensiver genutzt.

Sanierung im Vorland

Das verheerende Hochwasser von 1910 verwüstete nicht nur Felder und zerstörte Häuser, sondern bedrohte auch die für den Transport der Bäume sehr wichtige Straße am Halblech. Die Forderung nach Schutz vor diesen Naturereignissen wurde immer lauter. Bereits 1911 begann die Generalsanierung des Halblech, die bis heute nicht abgeschlossen ist. Durch den Bau von 36 Schutzbauten verringerte sich die Seiten- und Tiefenerosion. Der Halblech veränderte in wenigen Jahren sein Gesicht.

Aufnahme nach dem Katastrophenhochwasser von 1910. Am unteren Bildrand die Brücke über den Halblech beim Bruckschmied, noch ohne das 1921 errichtete Wehr. Deutlich sind am linken Ufer die ersten errichteten Querbauten zu erkennen. Sie sollen die Uferanbrüche und auch die Tieferlegung der Sohle verhindern. Unterhalb der Schutzbauten breitet sich die durch die zahlreichen Hochwasser geschaffene Umlagerungsstrecke aus. Aufnahme WWA Kempten.

Am Wehr beim Bruckschmied wurde 1923 durch das Bezirksamt Füssen ein zeitlich unbegrenztes Wasserrecht erteilt. Seit 2006 dürfen bis zu 3,5 cbm/s mit einem Restwasser von 150 l/s entnommen werden. Die Folge: Da der Halblech an rund 290 Tagen weniger als 3 cbm/s Wasser führt, wird er bis zur Einmündung der Trauchgauer Ache zu einem Entwässerungsgerinne degradiert. Ökologisch ist dies aus heutiger Sicht ein unbefriedigender Zustand.

Der Halblech ist heute „gezähmt". Das Wasserwirtschaftsamt Kempten stellt sich heute der Herausforderung, mit modernen Techniken den Schutz vor Hochwasser zu gewährleisten und die Voraussetzungen zu schaffen, dass am Halblech an ausgewählten Stellen die für Wildflüsse typische Lebensräume entstehen können. Aufnahme Mai 2024.

Sanierung im Halblechtal

Das Problem der großen Feststofffracht aus dem Gebirge bestand aber weiter. Die Sichtung alter Karten und Luftbilder brachte ein alarmierendes Ergebnis: Zwischen 1816 und 1959 haben sich die Anbruchsflächen (Feststoffherde) an den Talhängen verdreifacht. Der Halblech transportierte immer mehr Kies und Sand. Die Wasserbauer erkannten die Ursachen: Fichtenmonokulturen, Waldweide und hoher Wildbestand. Modellhaft wurde erstmals das Konzept der „Integralmelioration" entwickelt. In den Jahren zwischen 1959 und 1981 wurden die Erosionsherde des Halblech „saniert". Der Fluss wurde mit künstlichen Einbauten gesichert. Gleichzeitig aber wurde der mühsame Weg der Trennung von Wald und Weide, der Umbau der Fichtenwälder in stabile Laubmischwälder und die Reduzierung des Wildbestandes in Angriff genommen. Diese anspruchsvolle Aufgabe war ein Vorzeigeprojekt der bayerischen Wasserbauer. Nachdem dieses Sanierungsprojekt abgeschlossen ist, sind auf der Grundlage der bisher gewonnenen ökologische Verbesserungen möglich. Besondere Bedeutung hat die Umlagerungsstrecke im Oberlauf „Im Laich" und am „Rabennest" im Unterlauf.

Eiszeitschotter des Eisrandstausees im Lobental sind Erosionsherde.

Blick auf die Umlagerungsstrecke im Oberlauf „Im Laich".

Am bayerischen Lech verschwanden die wilden Umlagerungstrecken mit den begleitenden Weichholzauen fast gänzlich. Am kleinem Bruder des Lech, am Oberlauf des Halblech, sind sie als seltener Rest einer dynamischen Wildflusslandschaft Teil des europäisches Schutzgebietssystems Natura 2000 (FFH). Es ist gleichsam eine kleine Museumslandschaft.

Bild rechts: Deutsche Tamariske.

Bild unten links: Die Umlagerungsstrecke im Halblechtal.

Der Lobentalbach, ein linker Seitenbach des Halblech, entwässert aus dem Kalkalpin. Große Schottermengen werden durch zwei Speicherkraftwerke zurückgehalten. Die Betreiber sorgen durch Einbringen von Kies aus dem Stausee in den Unterlauf der Kraftwerke, dass der Geschiebehaushalt möglichst im Gleichgewicht gehalten wird. Dies ist für die funktionierende Umlagerungsstrecke im Oberlauf des Halblech von großer Bedeutung.

Situation heute

Der Halblech ist im Vorland gezähmt. Die Umlagerungsstrecken sind verschwunden. Es ist eine Illusion zu glauben, dass im Vorland wieder der „ alte Wildfluss“ entstehen kann. Aber es ist möglich, dem Fluss wieder mehr Raum zu geben. Er entwickelt dann – mit technischer Unterstützung – die für Wildflüsse typischen Lebensräume.

Die Wasserbauer sind gefordert. Die Mitarbeiter des WWA Kempten stellen sich mit großem Engagement dieser Aufgabe. In mehreren Projekten und in Etappen gestalten sich den „kanalisierten“ Fluss. Die Querbauwerke mit ihren Abstürzen werden an ausgewählten Stellen durch moderne Sohlrampen ersetzt. Dadurch können Fische und andere aquatische Lebewesen wandern. Die Vorgaben der Wasserrahmenrichtlinie werden Schritt für Schritt umgesetzt. Dabei haben die Wasserbauer immer im Blick, dass Hochwasser keine gravierende Schäden verursachen.

An manchen Abschnitten sind die alten Absturzbauwerke noch vorhanden.

Dort, wo es möglich ist, werden sie duch moderne Sohlrampen ersetzt.

Im „Rappennest“ vor der Halblechschlucht versucht das Wasserwirtschaftsamt Kempten wieder eine Umlagerungsstrecke entstehen zu lassen. Auch die Altauen mit den orchideenreichen Magerrasen werden miteinbezogen. In den vergangenen Jahren wurden hier mehrere Riegel eingebaut, um die Flusssohle anzuheben und die Ablagerungen von Geschiebe zu erhöhen. Es soll wieder ein Lebensraum für charakteristische Pflanzen und Tiere eines Wildbaches entstehen. Vereinzelte Deutsche Tamarisken und brütende Flussregenpfeifer – Arten, die in der „ROTEN LISTE“ vom Aussterben bedroht sind – dürfen aber nicht darüber hinwegtäuschen, dass wir von einer neuen Umlagerungsstrecke noch weit entfernt sind.

Blick nach Norden auf den Halblechdurchbruch. (Aufnahmen von 1910 (WWA Kempten) und 2024).

Blick von der Steilwand am Halblechdurchbruch nach Süden. Schlamm und Geröll füllte nach dem Hochwasser von 1910 das Tal. Die Straße nach Lechbruck war unmittelbar gefährdet. Heute entsteht hier wieder eine Umlagerungsstrecke. (Aufnahmen von 1910 (WWA Kempten) und 2024).

Mündung des Halblech in den Premer Stausee

Der Halblech mündet in einem breiten Delta in den Premer Stausee. Die großen Mengen an Kies- und Feinsedimenten, werden nicht mehr abtransportiert. Aus diesem Grund wuchs das Delta seit der Fertigstellung des Stausees im Jahre 1971 bis zu 4.2 m in die Höhe. Es entstanden neue Lebensräume für Biber und Watvögel. Das Delta ist beliebter Rastplatz für Zugvögel. Leider können Naturliebhaber das bunte Treiben aus einer Beobachtungsstation nur mehr eingeschränkt beobachten.

Die großen Hochwasser des Halblech liefern ständig Kiese und Sande. Die Sedimentation im Stauraum schreitet voran und große Bereiche des Deltas verbuschen. Deshalb ist auch hier die „ordnende Hand“ des WWA Kempten notwendig. Von Zeit zu Zeit wird das Geschiebe aus dem Mündungsbereich ausgebaggert. Mitglieder des Bundes Naturschutz entbuschen große Teile des Deltas. Es ist eine Herausforderung, ein naturnahes Flussdelta und Kiesbänke für die Deutsche Tamariske und Brutplätze für den Flussuferläufer und Flussregenpfeifer zu erhalten. Auf Dauer wird sich dieser Lebensraum zu einem „Stausee-Biotop“ wandeln.

Die Halblechmündung, Aufnahme Mai 2024.

Geologische Übersicht:
Wk = Wettersteinkalk
Hd = Hauptdolomit
Rb = Raibler Schichten
As = Allgäuschichten
Fl = Flysch
Mo = Molasse

SCHLUCHTEN AM LECH

Hauptdolomit, Wettersteinkalk, Kössener Schichten, Allgäuschichten, Flysch- oder Molassegesteine verwittern unterschiedlich. Kein Seitental gleicht dem anderen. Da die Vielfalt der Gesteine einzigartig groß ist, hat jedes Seitental ihren eigenen, unverwechselbaren Charakter. Und – jede Gemeinde hat ihre eigene Schlucht oder Wasserfall, oft auch beides.

Lechschluchten im mittleren Lechtal: Blick aus der Gleitschirmperspektive auf die Ortschaft Bach mit der Madauschlucht (linke Bildhälfte) und auf die Ortschaft Holzgau mit der Höhenbachschlucht (rechte untere Bildhälfte).

Schluchten – ursprüngliche Natur

Schluchten und Klammen faszinieren. Es sind Orte, in denen Wanderer oder Wildwasserfahrer ursprüngliche Natur intensiv erleben. Ihre Faszination und ihre Anziehungskraft erhalten sie aus dem wechselvollen Spiel von Licht und Dunkelheit, Geräuschen und Stille, Gefahr und Geborgenheit. Besonders reizvoll sind Schluchten und Klammen aber auch, weil dort noch intakte Lebensräume für Tiere und Pflanzen existieren, die sich ungestört seit der Eiszeit entwickeln konnten.

Das Höhenbachtal. Am Ausgang der Schlucht die Ortschaft Holzgau. Rechts Jöchelspitze und Krottenkopf. Bildmitte: Kratzer und Mädelegabel. Links: Holzgauer Muttekopf (Aufnahme 2007).

Das Gletschereis überformte die Täler und hobelte breite, wannenförmige Trogtäler. Dabei wurde das Haupttal stärker ausgeräumt als die Seitentäler. Deshalb hängen die Seitentäler des Lech über dem Haupttal. Seit der Eiszeit graben sich die Flüsse unentwegt in die eiszeitlichen Trogtäler.

Durch den großen Höhenunterschied auf kleinem Raum hat das abfließende Wasser in diesen Seitentälern sehr viel Energie und transportiert große Geröllmassen. Die unterschiedlichen Gesteinsschichten, die vom Wasser überwunden werden müssen, spielen dabei eine entscheidende Rolle. Weniger widerstandfähige Gesteine werden schneller ausgeräumt. In harten, verwitterungsbeständigen Gesteinen entstehen Kerbtäler, Schluchten und Klammen. Wildwasserfahrer spüren an Wasserfällen oder verblockten Katarakten die unbändige Kraft der Natur.

Schluchten und Klammen

Schlucht im Madautal. In Schluchten und Klammen liegen oft Gesteinsschichten wie die aufgeschlagenen Seiten eines Buches der Erdgeschichte. An einem Profilschnitt durch einen gewachsenen Felsriegel können Geologen das Wirken von Jahrmillionen lesen.

Aktuell bildet sich eine Klamm an einem Seitenbach von der Altenberger Alm in die Pöllat (Bleckenau).

Schluchten entstehen meist entlang von tektonischen Störungslinien und Überschiebungen (Harnische). Im Verlauf der Gebirgsbildung wurde der Wettersteinkalk gefaltet und herausgehoben. Es entstanden Risse und Klüfte. An diesen Bruchstrukturen beginnt die zerstörerische Kraft des zu Tal stürzenden Wassers.

Häufig bereiteten schon die Schmelzwässer, die durch den mächtigen Eispanzer entwässerten, diese Schluchten vor. Das durch den Eiskörper abfließende Wasser stand durch das Gewicht mehrere hundert Meter mächtigen Eises unter einer gewaltigen Spannung. Es arbeitete wie ein Sandstrahlgebläse: Gletschertöpfe und -mühlen entstanden. Übergangslos übernahm der Fluss nach dem Verschwinden des Eises diese Arbeit. In geologisch sehr kurzer Zeit sind diese imposanten Schluchten entstanden. Das Werk ist noch nicht vollendet. An vielen Stellen können wir „live" dem Fluss bei seiner Arbeit zusehen. Neue Kolke und veränderte Wasserfälle zeigen, dass die Schleifmaschine in Aktion ist.

Klamm am Streimbach im Bschlaber Tal.

Blick ins Bschlaber Tal, im Hintergrund die Hornbachgruppe.

Die Wasserfälle an der Pöllat sind ein eindrucksvolles Beispiel: Das Wasser der Pöllat fließt auf hartem Hauptdolomitgestein. An dieser Stelle trifft der Hauptdolomit auf die weicheren Gesteine der Raibler Schichten.
Ein Vorgang, der heute noch aktuell ist. Die Pöllat unterspült die Uferbereiche, die in den Raibler Schichten liegen. Von den Hängen stürzen immer wieder durch Frostsprengung gelockerte Felsbrocken in die Schlucht. Durch diese „Georisiken" muss der bei den Einheimischen und den Touristen beliebte Schluchtwanderweg zum Schloss Neuschwanstein aufwendig gesichert werden.

In der Füssener Lechschlucht schleifen die vom Wasser mitgeführten Gesteine an der Sohle oder am Rande trichterförmige Strudeltöpfe (Kolke). Diese werden größer, die Ränder dünner und schließlich gänzlich weggerissen. Die Wasserrinne weitet sich zur Klamm und schließlich zur Schlucht. Fließendes Wasser schafft zusammen mit dem Gestein Skulpturen. Die hellgraue Skulptur im Wettersteinkalk am linken Bildrand hat den Namen „Kolk". Sie ist seit der Eiszeit im Werden: Sie reift, wird vergehen und neue Kunstwerke entstehen.

Kataraktstrecke in der Pöllat. Bei größerem Gefälle fließt der Bach schneller. Felsriegel oder verstreut liegende herabgestürzte Blöcke verengen das Bachbett. Zwischen den Felsblöcken schießt das Wasser, dahinter bilden sich sogenannte Kehrwasser. Hier kehrt sich die Strömung um, Strudeltöpfe (Kolke) können entstehen. Solche brodelnden Abschnitte werden als Katarakte bezeichnet.

Mündung des Streimbaches aus dem Bschlaber Tal in den Lech. Am Ausgang der Seitentäler lagert das Wasser die abgetragenen Gesteine in breiten Schwemmfächern ab. Sie sind Zeugen der großen Erosionskraft der Seitenbäche. Der Lech übernimmt nun den Weitertransport.

Der Weg der bunten Steine

Durch Frostsprengung zerlegte Felsbrocken. Der Weitertransport ist entscheidend wichtig, da dadurch immer neue Oberflächen geschaffen werden, an denen die Verwitterung ansetzen kann. Um sich dies vor Augen zu führen: Ein Gesteinsbrocken von 1 m Kantenlänge hat eine Fläche von 6 qm. Würde er in Würfel von 1 cm Kantenlänge zerfallen, ergäben sich bereits unglaubliche 600 qm.

Die bunten Kiesel auf den Kiesbänken im Lech könnten abenteuerliche Geschichten über ihren Weg erzählen. Wir können ihre Reise zurückverfolgen.

Felsen werden zunächst in Rissen, Spalten und Klüften vor allem durch Frost gesprengt. Wasser dehnt sich beim Übergang zu Eis aus (Volumenzunahme von ungefähr 9 Prozent). Im Porenraum kommt es dann zur Frostsprengung. Durch häufigen Wechsel zwischen Auftauen und Gefrieren werden die Gesteine „zerlegt". Bei dieser mechanischen Verwitterung vergrößert sich die Gesteinsoberfläche, die zur weiteren Verwitterung offen steht. Dies beschleunigt den Erosionsprozess erheblich.

Bei Frostsprengung und Felsstürzen zerbersten die Felsstücke in kleinere Brocken und bleiben am Hangfuß zunächst liegen. Sie werden durch Wasser oder Schnee weiter zu Tal transportiert, bis sie schließlich im Fluss landen. Die kantigen Steine werden dann durch ständiges Aneinanderstoßen und Reiben auf ihrem Weg über Wasserfälle, durch Katarakte und Schluchten zu gerundeten Kieseln.

Kajakfahrer, die die Seitenflüsse des Lech befahren, spüren und hören bisweilen den rumpelnden Transport. An viel befahrenen Wasserfällen, wo rückschreitende Erosion diese immer wieder verändert, können sie manchmal die zeitliche Dimension erfassen. Jedes Seitental bringt eine eigene Kollektion bunter Steine. Diese werden auf den Kiesbänken des Lech immer wieder neu umgelagert, gerundet und sortiert. Einzelne Kiesel lassen sich tatsächlich bestimmten Bergen in den Seitentälern zuordnen und damit ihren abenteuerlichen Weg verfolgen.

Kajakfahrer in der Streimbachschlucht im Bschlaber Tal.

Schluchtstrecke im oberen Madautal. Hier beginnt der Weg der bunten Steine.

Experimente belegen, dass ein Bach mit 0,2 Prozent Gefälle einen Sandstein bereits nach 1,5 km von 20 cm auf 2 cm rundspült. Für einen harten Kalkstein benötigt er immerhin 11 km.

Der Alperschonbach im Madautal

– das volle Programm

Blick von Nordwesten ins Madautal. Links die Ruitelspitze, rechts der Sonnenkogel. Im Talgrund die Ortschaft Bach.

Die geologischen Verhältnisse rund um das Madautal erlauben einzigartige Einblicke in die Entstehungsgeschichte der Berge und Täler entlang des Lech. Das schürfende Eis der Gletscher modellierte den Grundcharakter des Tales. Ein Arm des Lechgletschers reichte ins Madautal. Die Schliffgrenzen, die den höchsten Gletscherstand anzeigen, liegen am Taleingang an der Ruitelspitze und am Sonnenkogel bei 2000 m. Kleine Lokalgletscher bildeten sich über dem Eisstrom. Nur die höchsten Gipfel waren eisfrei. Das Gletschereis formte das Trogtal, das über dem Lechtal hängt.

Seit dem Verschwinden des Eises arbeitet sich der Alperschonbach durch die Gesteinsschichten, die die eindrucksvolle Silhouette der umrahmenden Berge bilden. Er frisst sich durch Hauptdolomit, Kössener Schichten, Oberrhätkalk, Allgäuschichten, Aptychenschichten und Radiolarite. Jede Gesteinsschicht gestaltet einen individuellen Flussabschnitt. Der Alperschonbach bietet das volle Programm: Ruhige, breite Fließstrecken, Wasserfälle, Kerbtäler, Klammen und Schluchten (s. LB 1, S. 96 ff.).

Abb. oben: die bunte Vielfalt der vom Alperschonbach transportierten Gesteine.

Abb. links: Generalisierter Ausschnitt aus der geologischen Karte, Blatt Kempten, Maßstab 1:200 000.

Der Oberlauf

Der Ursprung des Alperschonbaches liegt bei den sog. Knappenböden in rund 2240 m Höhe. Unterhalb der weitläufigen Knappenböden vereinigen sich die Quellaustritte zum Alperschonbach. Der wilde Ritt des Alperschonbaches durch Klammen und Schluchten mit spektakulären Wasserfallstrecken beginnt.

Die harten Oberrhätkalke bauen die massiven Steilwände beispielsweise der Freispitze auf. Durch das Herauswittern der weichen Unterlage der Kössener Mergel zerbrechen diese in große Blöcke, die dann in den Alperschonbach donnern. Das reißende Wasser quält sich durch blankgeputzte Korallenstöcke oder Gesteinsblöcke mit den Querschnitten von Megalodonten (Riesenmuscheln). Dazwischen liegen bunte Kalkblöcke. In diesen meist roten Knollenkalken (Bunte Liaskalke) kann man gelegentlich Abdrücke von Belemniten und Ammoniten finden. Der Bach spiegelt in seinem Bett die eindrucksvolle geologische Vielfalt des Tales wieder.

Der Ursprung des Alperschobaches unterhalb der Knappenböden.

Gemächlich fließt der junge Alperschonbach durch das vom Gletscher geformte Trogtal.

Blick von Nordosten auf das obere Alperschontal und die Knappenböden. Ruhige Abschnitte mit kantigen, verschiedenartigen Gesteinsbrocken (Bild oben links) wechseln mit Durchbruchstrecken im Hauptdolomit (Bild oben Mitte). Knollenkalke aus dem Jura (Bild oben rechts), Korallenstöcke aus dem Oberräthkalk von der Freispitze (Bild rechts Mitte) und rotgefärbte Megalodonten (Bild rechts unten).

Blockgletscher auf den Knappenböden

Blick von Südwesten auf den Blockgletscher. Im Hintergrund die Vorderseespitze (2889 m), Feuerspitze (2852 m) und Fallenbacher Spitze (2723 m).

Den Abschluss des Alperschontales bilden die Knappenböden. Es ist eine weite Hochfläche, auf der sich mehrere Kare aneinanderreihen. Geologen diskutieren, ob es sich hier tatsächlich um eine präglaziale Verebnungsfläche handeln könnte.

Aus einem Kar am Nordfuß der Samspitze liegt oberhalb der Schneegrenze ein aktiver Blockgletscher. Blockgletscher sind zungenförmige, gefrorene Schuttmassen. Sie entstehen dort, wo der Boden ganzjährig gefroren ist (Permafrost) und große Massen von grobblockigem Hangschutt im Inneren gefrieren. Durch die Bildung von Klufteis bewegt sich der Schuttstrom langsam hangabwärts. Dabei entsteht an der wulstartigen Front ein lobenförmiges Rippenmuster, das an eine Gletscherzunge erinnert. Dieser morphologischen Ähnlichkeit verdankt der Blockgletscher seinen Namen. Er ist aber kein Relikt eines sterbenden Gletschers, sondern ein aktuelles morphologisches Phänomen. Diese Aufnahme stammt aus dem Jahr 2020. Auch hier kann man beobachten, dass durch die steigenden Temperaturen der Eiskern schmilzt und vermutlich in wenigen Jahren ein fossiler Blockgletscher seine Geschichte erzählt.

Schluchten trennen und Jöcher verbinden

– die grüne Insel Madau

Blick von Süden auf die Siedlung Madau. In der Bildmitte links das Greitjoch, daneben der vordere und hintere Sonnenkogel. die Kapelle zu Ehren der Heiligen Dreifaltigkeit wurde 1679 erbaut.

Drei Täler münden bei der Siedlung Madau: das Röt-, Passeier- und Alperschontal. Nach der Vereinigung fließt der Alperschonbach, der schon 1530 urkundlich erwähnt wird, durch das Madautal in den Lech.

Durch eine Laune der Natur bilden in einem tektonischen Halbfenster die leicht verwitterbaren Allgäuschichten eine grüne Insel. Obwohl durch hohe Bergkämme getrennt, kultivierten Bauern aus Zams im Inntal diese hochalpinen Flächen. Aus dem 15. Jahrhundert stammen die urkundlich belegten Rechte. Madau entwickelte sich zu einer Dauersiedlung und zählte im Jahr 1784 immerhin 60 Einwohner. 1810 wurde Madau vom Gericht Landeck dem Gericht Reutte zugeordnet. In den folgenden Jahrzehnten zogen viele Bewohner ins Lechtal. Anfangs des 19. Jahrhunderts war Madau keine Dauersiedlung mehr. Es ist seit dieser Zeit eine Sommeralm. 1987 war Klaus Frey, der Wirt des Berggasthauses Hermine, der einzige in Zams gemeldete Einwohner Madaus. Noch heute ist Madau ein Ortsteil der Gemeinde Zams. (s. LB 1, S. 96 ff.).

Die Schlucht

Kraftvoll donnert das Wasser des Alperschonbaches unterhalb der „Madauer Egghöfe" in Kaskaden und Wasserfällen ins Madautal. Nur eine kurze Strecke fließt der Alperschonbach noch in einem breiten Bett durch die weniger widerständigen Allgäuschichten. Dann verändert sich der Charakter abrupt. Der Alperschonbach formt seit dem Ende der Eiszeit eine eindrucksvolle Schlucht durch die vom Ruitelspitzmassiv herunterreichenden Hauptdolomitbänke.

Blick von Norden auf das Madautal (Bild links). Mit einem spektakulären Katarakt stürzt der Alperschonbach unterhalb der „Madauer Egghöfe" ins Maduatal (Bilder rechts).

An Bergzerreißungen und entlang von Gesteinsklüften brechen ständig Felsbrocken ab. Für Kajakfahrer entsteht ein Wildwasserparcour mit engen, reißenden Durchfahrten, gefährlichen unterspülten Felsen (Siphons) und Schwallstrecken mit kleineren, verwinkelten Wasserfällen. Die Gesteinsbrocken werden durch Hochwasser weitertransportiert und verkleinert. Die Hänge versteilen sich immer mehr. Die Schlucht lebt. Wenn man die Madauschlucht öfters mit dem Kajak befährt, ist man immer wieder überrascht, wie jedes Hochwasser das Bachbett umgestaltet. Das Ende dieses Abschnittes markieren harte, widerstandsfähige Aptychenschichten und Radiolarite. Diese formen eine beindruckende Klamm, durch die der Alperschonbach ruhig fließt. Der Madauer Höhenweg begleitet diese Schlucht und gewährt spannende Einblicke. Dann weitet sich das Tal durch die hier ausstreichenden Allgäuschichten. Vor der Ortschaft Bach durchschneidet der Alperschonbach dann ein letztes Mal eine schmale Barriere aus Hauptdolomit.

Blick von Norden ins Madautal. Der Alperschonbach formt Schluchten durch verschiedene Gesteine: „Das volle Programm".

Hd = Hauptdolomit Apt = Aptychenschichten
As = Allgäuschichten Ra = Radiolarite

Der Schwemmfächer

Am Ausgang des Madautales lagert der Alperschonbach die abgetragenen Gesteine aus seinem rund 84 qkm großen Einzugsgebiet in einem breiten Schwemmfächer ab. Sie sind die Zeugen der großen Erosionskraft dieses Seitenbaches. Der Lech übernimmt nun den Weitertransport. Auf diesem Schwemmfächer liegt die Ortschaft Bach. Früher war die kaum beherrschbare Kraft der Seitenbäche geachtet und gefürchtet. Heute sind sie durch ihre geologischen Besonderheiten eine Attraktion.

Gleitschirmflug im oberen Lechtal. Auf den hochwassersicheren Terrassen im Schwemmfächer liegt die Ortschaft Bach.

Der Hornbach

– eine Schlucht in den Allgäuschichten

Mehrere kleine Seitenbäche vereinigen sich oberhalb der Ortschaft Hinterhornbach zum Hornbach. Er mündet nach 17 Kilometern in den Lech.

Das Hornbachtal wird eingerahmt von den zerklüfteten Bergen der Hornbachkette und den Allgäuer Alpen. Die dunkle Hauptdolomitpyramide des Hochvogels thront drohend über der Ortschaft Hinterhornbach. Am Ausgang des Tales erhebt sich die kühne Klemmspitze mit den senkrecht gestellten, gebankten ehemaligen Wattflächen aus der Triaszeit. Der Hornbach fließt in weiten Teilen träge durch das von Gletschern ausgeräumte Trogtal. Das Gletschereis hat hier entlang einer tektonischen Störungslinie die Gesteinspakete aus Hauptdolomit in der Lechtaldecke ausgeräumt und das tiefere Stockwerk, die Allgäudecke, freigelegt.

Die Hornbachchlucht aus der Gleitschirmperspektive, links die Hornbachkette, auf der rechten Seite der Hochvogel.

Ausschnitt: geologische Karte, Blatt Kempten, 1:200 000, typischer flacher Kiesel der Allgäuschichten.

Die Hornbachschlucht in den Allgäuschichten.

Kaskade in den Allgäuschichten: Die hellen Gesteine mit den dunklen Flecken – fossile Grabgänge von Würmern – verleihen der Schlucht ein freundliches Gesicht.

Die Hornbachschlucht im Hauptdolomit.

Im Oberlauf transportiert der Bach die Geröllfracht der umliegenden Hauptdolomitberge in einer kleinen Umlagerungsstrecke. Im mittleren Teil, im Bereich der Ortschaft Hinterhornbach, verändert er sein Aussehen. Dort, wo die Allgäuschichten die Grundlage für die saftige Almwiesen bilden, fräst er seit der Eiszeit wenige Meter tiefe, unauffällige Schluchten in die Gesteine der Allgäuschichten. Diese Gesteine lagerten sich in tieferen Becken eines tropischen Jurameeres ab. Sie sind jünger als der darüber liegende Hauptdolomit. Hier haben die Gletscher und der Hornbach ein tektonisches Fenster geöffnet. Dieser „Fensterblick" des Alpengeologen Carl Ampfer in den 1920er-Jahren untermauerte die Vorstellungen vom Deckenbau der Nördlichen Kalkalpen. Zu dieser Zeit wurde unter den Geologen noch heftig über die Entstehung der Alpen gestritten. Der Hornbach ist noch an der Arbeit, wie die Kolke an den Klamm- und Schluchtwänden eindrucksvoll belegen.

Am Ausgang des Tales, in der Gemeinde Vorderhornbach, verlässt er in einer Hauptdolomitschlucht das Tal und baut einen breiten Schwemmfächer auf. Aufmerksame Anwohner berichten, dass der Hornbach während eines Hochwassers nach faulen Eiern riecht. Die Hauptdolomitkiesel werden zerrieben und deren organische Einlagerungen sorgen für dieses ungewöhnliche „Geschmäckle" (s. LB 1, S.39 ff.).

Der Zwieselbach

– eine wilde Schlucht im Hauptdolomit

Der Zwieselbach zwischen Dürrenberg und Zwieselberg. An der rechten Seite fließt der Archbach mit den Stuibenfällen aus dem Plansee.

Beim Rundblick über den breiten Reuttener Talkessel fällt eine auffällig helle Kerbe ins Auge. Wie mit einer Riesenaxt eingeschlagen fließt der Zwieselbach in einer tiefen Schlucht durch ein mit dunklen Fichten bewachsenes Trogtal. Nach dem Rückschmelzen des Lechgletschers im Reuttener Becken wurden dort die Moränen vom Lech ins Alpenvorland transportiert. An den vom Gletscher übersteilten Hängen modelliert seitdem der Zwieselbach eine scharf eingerissene Schlucht. Es ist eine wilde Schlucht. Sie frisst sich seit dem Rückzug des Lechgletschers bis heute immer tiefer in den Hauptdolomit ein.

Über Monate beobachteten wir den Zwieselbach, bis wir ihn mit Kajak befuhren. Jedes Hochwasser veränderte den Bach. Wir können eine alte Bauernregel der Holzflößer bestätigen: Bei zunehmendem Mond füllt das Hochwasser den Zwieselbach mit Sand und Steinen auf. Das Flussbett wird „glatt". Bei abnehmendem Mond dagegen gräbt sich das Hochwasser ein. Der Bach wird „rippig" und „hackelig".

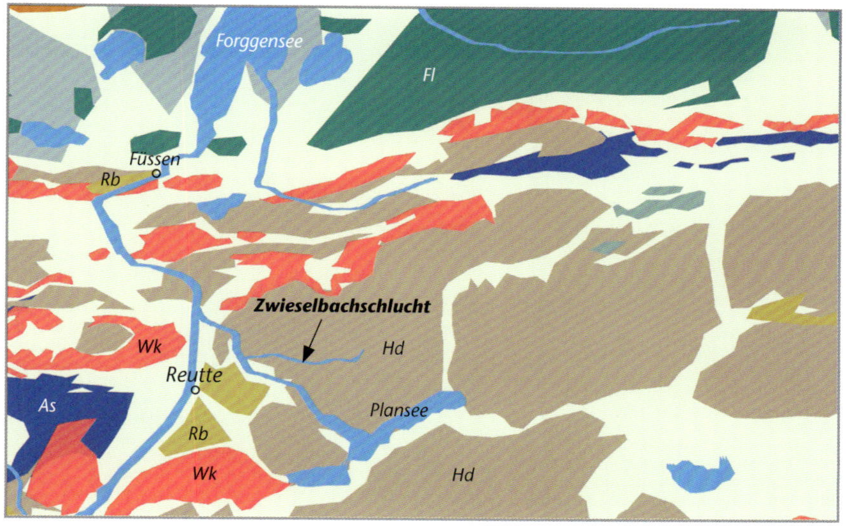

Geologische Übersicht
Wk = Wettersteinkalk
Hd = Hauptdolomit
Rb = Raibler Schichten
As = Allgäuschichten
Fl = Flysch

Der Zwieselbach liegt im Hauptdolomit. Dieses spröde Gestein ist durchzogen mit einem Netz aus weißen Kalzitklüften. Entlang dieser Linien bricht der Stein vor allem durch Frostsprengung.

Vor der Schlucht erheben sich brüchige, gelbe Felspartien aus Raibler Schichten. Aus diesen Gesteinsschichten besteht der Untergrund des Reuttener Talkessels Dann der krasse Übergang in die Schlucht des Zwieselbachs. Durch ein enges Tor aus Hauptdolomit verlässt der aufmerksame Beobachter das offene Tal. Er tritt ein in eine neue Welt, in der er die Entstehung einer Schlucht überblicken kann.

Das enge Tor zur Schlucht besteht aus Hauptdolomit. Deutlich sind im Fels ausgehauene, eckige Löcher zu erkennen. Hier wurden über Jahrhunderte für Triftklausen Balken eingepasst. In dem Speichersee wurde das Triftholz gesammelt. Nach dem Öffnen der Klause schoss das Wasser mit den Holzbalken in den Archbach und dann in den Lech.

Der Hauptdolomit und die verschiedenen Prozesse der Verwitterung gestalten diese eindrucksvolle Schlucht. Der Hauptdolomit ist durchzogen von vielen kleinen Klüften. Entlang dieser Klüfte wird das Gestein vor allem durch Frostsprengung in kleine Gesteinstrümmer, aber auch große Felsbrocken zerlegt und im Flussbett abgelagert. An härteren Hauptdolomitriegeln bilden sich Wasserfälle.

Bei Hochwasser transportiert der Zwieselbach große Mengen an Sand und Kies. Das reißende Wasser fräst kleine Strudeltöpfe (Kolke) in das feste Gestein, donnert über die großen Steine und gräbt unterhalb Becken, sogenannte Gumpen. Die Felsbrocken werden rückschreitend unterspült und brechen weg. Neue Waffen der Erosion kommen hinzu. Große Mengen an Sand und Kies unterspülen die Uferhänge. Ruhigere, ausgeräumte Strecken wechseln mit Felskaskaden, engen Durchbrüchen und kleineren und größeren Wasserfällen. Sie reihen sich wie eine Perlenkette aneinander.

Vor allem an den Wasserfällen ist die enorme Erosionskraft eindrucksvoll zu erkennen. Das herunterstürzende Wasser unterhöhlt die Rückwand des Wasserfalls. Die Wucht des aufprallenden Wassers schleudert das mitgeführte Geröll gegen die Rückwand und unterhöhlt sie. Irgendwann bricht das überhängende Felsstück ab. Der Wasserfall schreitet zurück oder verschwindet gänzlich. Dieser Prozess wiederholt sich ständig. Der Bergbach gräbt sich durch diese „rückschreitende Erosion" immer weiter nach hinten. Die Schlucht wird ständig neu modelliert. An den Schluchtwänden bilden sich bizarre Stein- und Felsskulpturen, die die Vergänglichkeit ständig neu beschreiben. In dieser von Menschen weitgehend unberührten Schlucht gelten tatsächlich noch die Naturgesetze.

Die Schluchten

in der Bleckenau

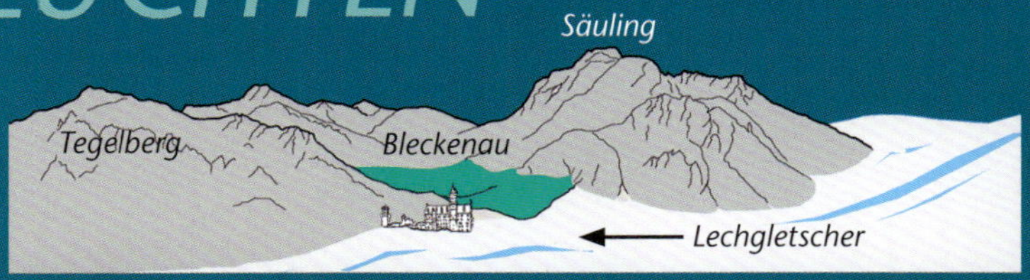

Nirgendwo in den Alpen ist der Übergang vom Hochgebirge ins Vorland so abrupt wie hier in Hohenschwangau. Im Verlauf der Gebirgsbildung verschwanden die sonst üblichen niedrigen Vorberge im Untergrund. Säuling und Tegelberg überragen heute das Vorland. An den Berghängen sind die Schliffspuren des Lechgletschers abzulesen. Mindestens 600 m mächtig war das Eis im Schwangauer Land und hobelte den Untergrund. Da der große Lechgletscher den kleineren Gletscher in der Bleckenau blockierte, wurde das Tal nicht tiefer ausgeräumt. Es „hängt" über dem Vorland. Die Natur gestaltete diesen herausragenden Aussichtsplatz. Deshalb ist es nicht erstaunlich, dass hier seit Jahrhunderten zwei stattliche Burgen die Macht der Herrschaft zur Schau stellten. König Ludwig II. baute hier Schloss Neuschwanstein. Die Pöllat arbeitet sich seit der Eiszeit durch diese Gesteine und modelliert Schluchten mit besonderem Charakter. Eine Wanderung entlang der Schluchten in der Bleckenau ist auch eine Wanderung durch rund 200 Mio. Jahre Erdgeschichte. Sie erlauben einen Einblick in das Innere der Hohenschwangauer Berge. Hier lassen sich die Gebirgsbildung, die formende Kraft der Gletscher und des Wassers eindrucksvoll erleben.

Die Pöllatschlucht
– ein Schlupfloch ins Innere der Berge

Der Weg zur Gipsmühle in Hohenschwangau markiert den tektonischen Rand der „kalkalpinen" Alpen. Unmittelbar hinter der Gipsmühle beginnt die Pöllatschlucht. Aus dem Vorland öffnet sich ein Schlupfloch ins Gebirge.

Am Eingang der Schlucht sind die Aptychenschichten aufgeschlossen, die am Eisensteg von der glatten Wand aus Buntem Jurakalk (Hierlatzkalk) abgelöst werden. Am Ende des Steges weitet sich durch die leicht ausräumbaren Gesteine der Raibler Schichten das Tal. Darüber hängen die zerklüfteten, aber widerstandsfähigeren Wände aus Hauptdolomit. Gletschereis und die Pöllat konnten bisher diesen Hauptdolomitriegel nicht durchbrechen. In eindrucksvollen Wasserfällen stürzt das Wasser unterhalb der Marienbrücke ins Tal. Felsbrocken und herabfallende Steine aus den Anrissen in den brüchigen Wänden sind hier eine ständig drohende Gefahr für die Wanderer. Wegen dieser Naturgefahren ist der Weg zeitweise gesperrt.

Blick von Norden auf die Gipsmühle und den Schluchtausgang. Schloss Neuschwanstein thront über dem Schlupfloch ins Innere der Berge.

Diese spektakuläre Szenerie verdankt ihre Entstehung den gebirgsbildenden Vorgängen. Die im Tethys-Meer entstandenen Gesteine wurden durch die Plattenbewegung von ihrem Untergrund abgelöst und in Decken übereinander gelegt. Am Schluchteingang liegen die jüngeren Juragesteine (Aptychen/Hierlatzkalk) der Allgäudecke unter den älteren Triasgesteinen (Raibler Schichten, Hauptdolomit) der Lechtaldecke. Dieser Vorgang ist wiederholt sich mehrfach bis zum Gipfel des Säulings zu beobachten (s. LB 1, S. 16 u. 47 ff).

Die Entstehung ist durch die Entschlüsselung des Deckenbaus der Alpen einleuchtend, wenn auch die genaue Rekonstruktion im Detail kompliziert ist. Die Pöllatschlucht gewährt einen besonderen Blick in das Innere der Hohenschwangauer Berge. Die formende Kraft der Gletscher und der Pöllat veredelten dieses erdgeschichtliche Zeugnis.

Blick auf die glatte Wand aus buntem Jurakalk (Hierlatzkalk). Am Ende des Eisensteges (Bild oben) öffnet sich das Tal. Die Pöllat räumt die wenig widerstandsfähigen Raibler Gesteine aus. Ein Riegel aus Hauptdolomit mit Wasserfällen rundet das Ende des „Schlupfloches" ab (Bilder unten).

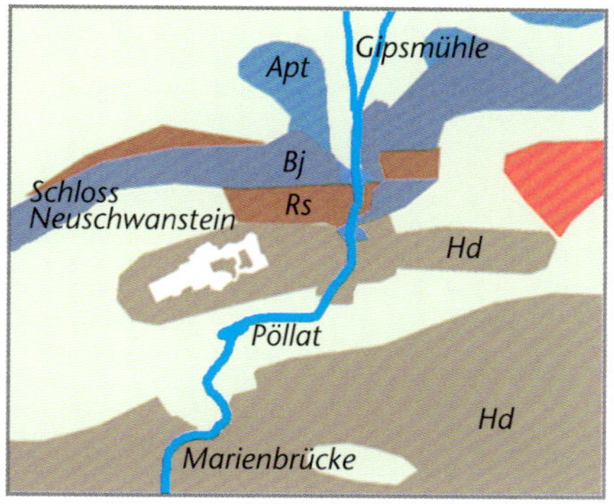

Geologische Übersicht:
Apt = Aptychenschichten
Bj = Bunter Jurakalk
Rs = Raibler Schichten
Hd = Hauptdolomit

Ein kurzer Rückblick auf die Seiten dieses Buches LB 2, S. 64 ff. und im Buch LB 1, S. 38 ff. erleichtert das Verständnis über den Deckenbau der Berge entlang des Lech.

Die Raibler Schichten in der Bleckenau

Blick von Süden auf die Bleckenau.

Die Pöllat donnert unterhalb der Bleckenau über und durch die durch Felsbrocken eines Bergsturzes. Danach fließt sie gemächlich bis zum Schlupfloch aus dem Gebirge.

Nach der Schlucht weitet sich das Tal. Die Gletscher mehrerer Eiszeiten formten das Trogtal. Am Ende der letzten Eiszeit blockierte der Lechgletscher den Talausgang der Bleckenau. Am Eisrand bildete sich ein See, der mit Schmelzwasserschottern und Feinsedimenten verfüllt wurde. Die Pöllat fließt durch diesen Teppich aus Eiszeitschottern. Darunter liegen die wenig widerstandsfähigen Gesteine der Raibler Schichten.

1999 kam es nach langandauernden, heftigen Regenfällen zu einem größeren Hangrutsch. Die hochwasserführende Pöllat transportierte unmittelbar die am Hangfuß liegenden Rutschmassen weg. So kam es zu keinem gefährlichen Aufstau. Zur Freude der Geologen wurde aber ein großer Gipsblock aus den Raibler Schichten freigespült und blieb im Bachbett liegen. Seine Zusammensetzung erlaubt nicht nur einen weiteren Einblick in die geologische Entstehungsgeschichte, sondern ist auch ein sichtbarer Hinweis auf verschwundenen Gipsabbau an dieser Stelle, der wohl bereits 1780 eingestellt wurde.

Hangrutsch im unteren Pöllattal. Am oberen rechten Bildrand ist die Anrisskante des Hangrutsches von 1999 zu erkennen. Unweit dieser Stelle wurde Gips abgebaut.

Gipsblock in der Pöllat. Dieses helle Zeugnis der Natur- und Kulturgeschichte wird in wenigen Jahrzehnten zu einem unscheinbaren Gesteinsbrocken schrumpfen und schließlich verschwinden.

Pöllat oder Bellat?

Über Jahrhunderte wurde der Fluss aus der Bleckenau „Bellat“ genannt. Im Schwangauer Herrschaftsbeschrieb von 1534 taucht der Name Bellat auf.
1850 veranlasste König Max II. eine erste „geognostische (geologische) Untersuchung“ Bayerns. Der Geologe C. W. von Gümbel (1823–1898) kartierte auch die Bleckenau. Auf dieser Karte (sog. Gümbelkarte), die auf der Grundlage der Steuerkatasterpläne basierte, ist noch der „Bellatbach“ eingetragen. Der Name ist wohl keltischen Ursprungs und bedeutet „der lärmende Bach“.
In der Königszeit änderte sich der Name vom weichen B zum harten P. Vielleicht hängt dies mit dem Faible der Könige Max II und Ludwig II für die deutschen Sagenwelt zusammen. Es könnte auch sein, dass die sächsischen Landvermesser zu dieser Zeit den Namen aufgrund von amtlichen Informationen kartierten.
Hermann Leeb, ehemaliger Bürgermeister der Gemeinde Schwangau, berichtet, dass der Streit, ob die Schlucht nun Bellat- oder Pöllatschlucht heißen soll, den Schwangauer Gemeinderat bis in die 1950er-Jahre beschäftigte. Eine Mehrheit beschloss aus pragmatischen Gründen, es beim eigentlich falschen Pöllat zu belassen. Die Karten seien schließlich schon gedruckt (mündliche Mitteilung von Herrn Hermann Leeb, Hohenschwangau 1993).

Pöllat oder Bellat, dem Fluss ist es egal.

Gümbelkarte von 1851.

Die Schluchten oberhalb der Bleckenau

– Wettersteinkalk, Raibler Schichten und Hauptdolomit

Blick von Westen in die Schluchten oberhalb der Bleckenau.

Oberhalb der Bleckenau verengt sich das Tal. Die Pöllat frisst sich erst durch Partnachschichten und dann durch Wettersteinkalk und formt eine unzugängliche Schlucht (Bilder links und rechts oben). Sie endet abrupt unterhalb der Karstquellen des Straussbergs (Bild unten).

Blick von Osten auf die obere Bleckenau, im Hintergrund der Säuling, im Vordergrund die Alpe Jägerhütte, (Bild links). Oberhalb der Straussbergquellen wird das Tal breiter. Die weniger widerstandsfähigen Raibler Schichten stehen an. An wenigen Stellen sind rostige Eisennester und sogar dünnplattige Kohleflözchen zu finden (Bilder unten). Diese kleine Insel aus Raibler Schichten geht übergangslos in eine Schlucht im Hauptdolomit über. Wasserfälle mit klaren Gumpen und kleine Kaskaden wechseln sich ab (Bild rechts). Vor der Jägerhütte endet die Schlucht. In rund 1433 m Höhe ist der Ursprung der Pöllat. Das Eis des Ammergletschers strömte in die Bleckenau (Transfluenzpass).

Der Röthenbach

– eine Schlucht im Flysch

Berge aus Flysch bilden kaum markante Bergformen, sie erinnern eher an ein Mittelgebirge. Die Hänge bestehen aus harten Sandstein- und Kalkbänken und aus wasserstauendem weichen Mergel und Tonen. Artenreiche Feuchtwiesen und Moore bilden Inseln in den ausgedehnten Wäldern. An offenen Flanken kommt der Berg ins „Fließen". In der Schweiz gibt es für dieses Phänomen den Mundartnamen „Flysch". Den Begriff übernahmen die Geologen für diese tektonische Einheit am Nordrand der Alpen.

Die Schlucht am Röthenbach ist ein außergewöhnliches Geotop, ein natürliches Archiv. Sand, Mergel und Tonsteine erzählen ihre Geschichte. Die Ereignisse vor rund 85 Mio. Jahren sind steinhart dokumentiert.

Blick von Südwesten auf das Halblechtal. Bild rechts oben: die Schlucht.

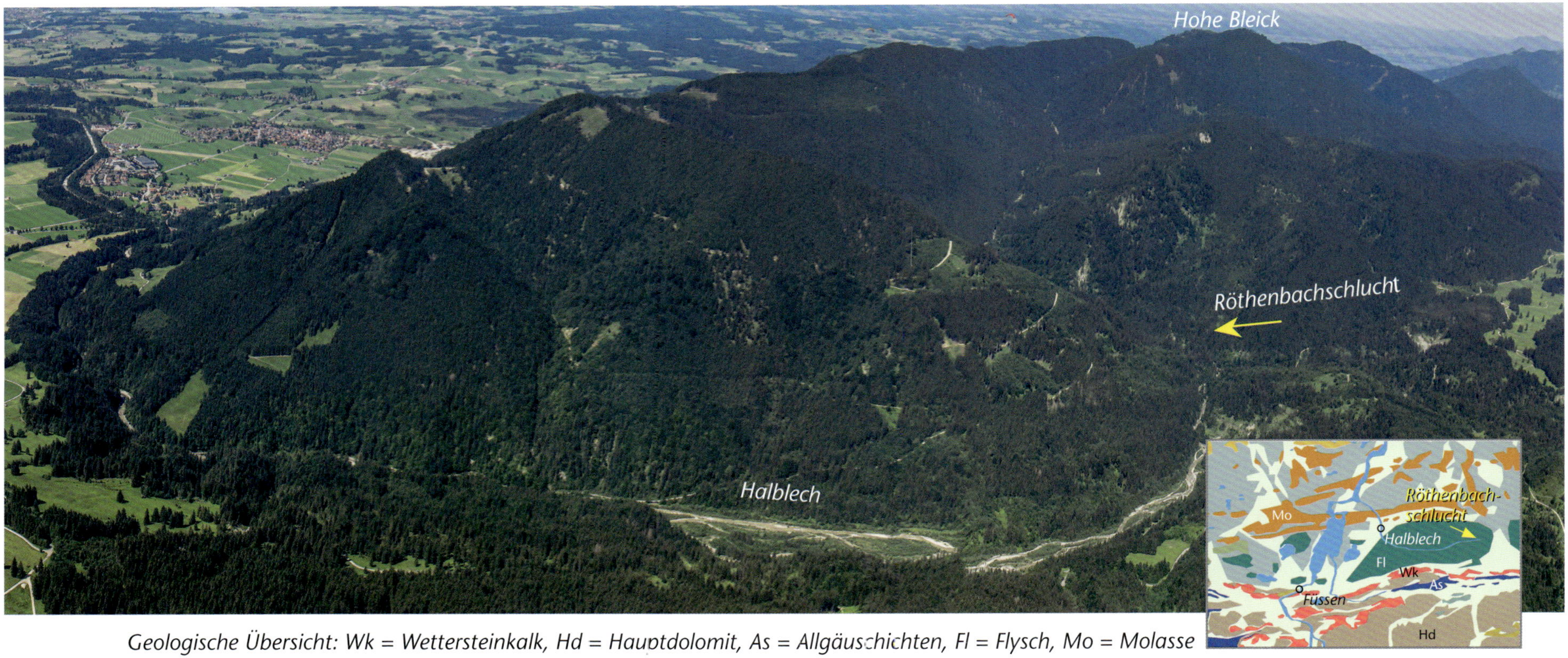

Geologische Übersicht: Wk = Wettersteinkalk, Hd = Hauptdolomit, As = Allgäuschichten, Fl = Flysch, Mo = Molasse

Die Bildung von Flyschsedimenten war lange Zeit umstritten. Ein Ereignis im Mündungsbereichs des Mackenzie in Kanada löste das Rätsel. Dort wurden untermeerische Überseekabel durch Schlammlawinen zerstört. Die Analyse dieses Ereignisses lieferte die Erklärung der Entstehung des Flysch.
Aktuell laufen solche Prozesse immer wieder im Mündungsbereich großer Flüsse ab. Im Jahre 2022 wurde eine solche Schlammlawine (Trübestrom) mit 100 km/h Geschwindigkeit und einer Ausbreitung von 1000 km im Deltabereich des Kongo beobachtet und dokumentiert.

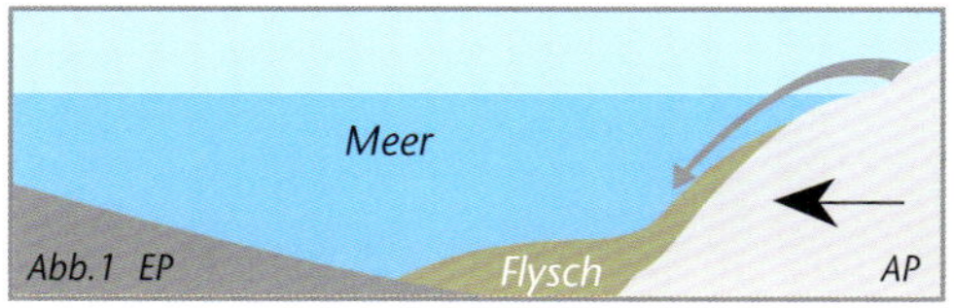

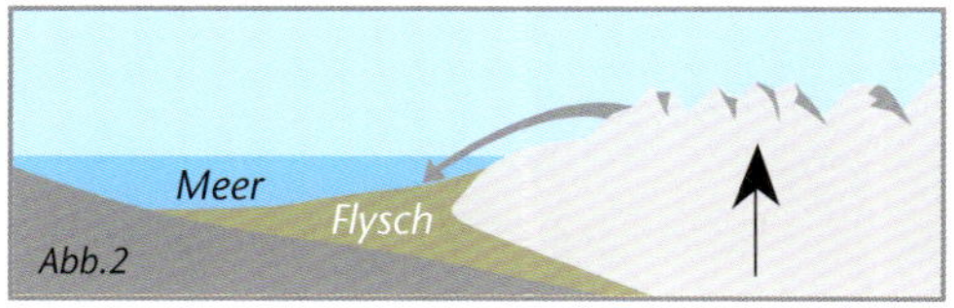

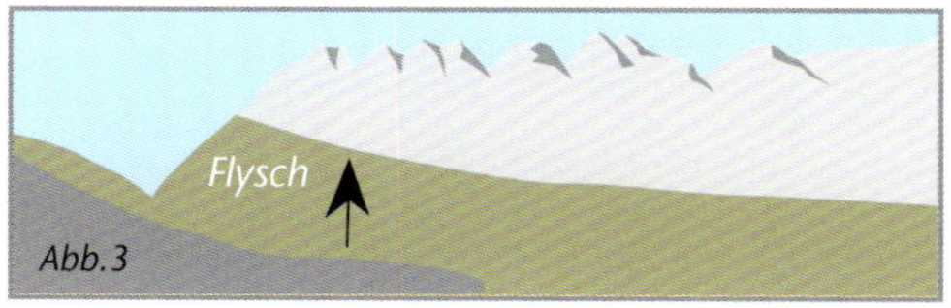

In der Kreidezeit kollidierte die adriatische Platte (AP) mit der eurasischen Platte (EP). Es entstand ein mehrere tausend Meter tiefes Meeresbecken. Flüsse lagerten am Rand des Kontinentalabhangs Kies, Sand und Schlamm ab. Diese schlammigen Pakete lagen dort wie Schneewächten. Durch Überschreiten der Stabilitätsgrenze oder auch durch Erdbeben lösten sich Sand- und Schlammlawinen. Sie wälzten sich wie Staublawinen den Kontinentalabhang hinunter: bis zu 100 km/h schnell und über 2000 km weit. Dieser „Trübestrom“, ein Gemisch aus Wasser, Sand und Ton, war nach dem Ende der Ablagerung sauber geschichtet (Abb. 1). Auf den Meeresgrund sanken in kürzester Zeit die gröberen Sandpartikel. Darüber legten sich im Laufe von einigen tausend Jahren – immer feiner werdend – Tone und Mergel. Jeder „Trübestrom-Zyklus“ ist in einem „Turbidit“ dokumentiert“ (Abb. 2). Diese bis zu 2000 m mächtigen Flyschsedimente wurden vor rund 35 Mio. Jahren, in der zweiten Phase der Gebirgsbildung, durch die von Süden heranrückenden Kalkalpen in Decken übereinander geschoben und schließlich herausgehoben (Abb. 3).

Die schwereren Steine lagerten sich in kurzer Zeit am Untergrund ab, die Tone darüber erst im Laufe von einigen Tausend Jahren. Jeder „Trübestrom-Zyklus" ist in einem „Turbidit-Protokoll" dokumentiert.

Die Turbidite in der Röthenbachschlucht.

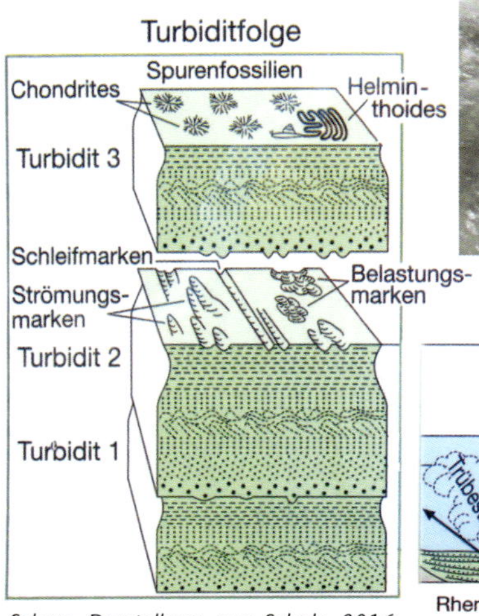

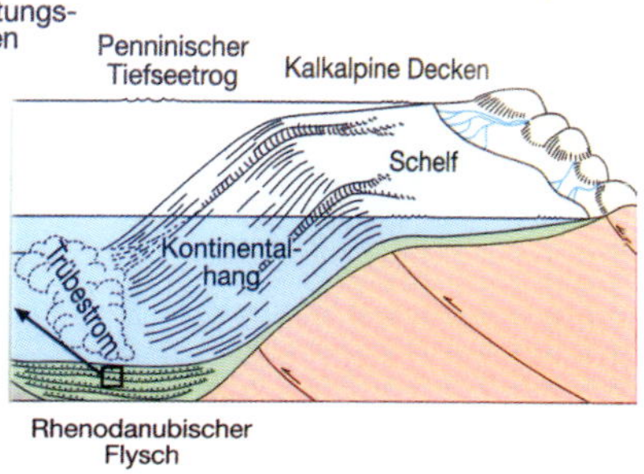

Schem. Darstellung, aus: Scholz, 2016.

Die Größe der Turbidite und die Mächtigkeit der Sand- und Tonschichten variieren. Breitere Sandsteinbänder mit dünneren Tonlagen deuten auf Ablagerungen in küstennahen Bereich. Dicke Kalk-, Mergel- und Tonbänder sind das Ergebnis größerer Ereignisse. Zwischen den Trübeströmen bildeten sich auch unterschiedlich dicke Kalkbänke. Diese geologischen Schauspiele wiederholten sich über einen Zeitraum von 65 Mio. Jahren mehrere hundert Male.

Flyschbrocken am Rand der Röthenbachschlucht. Deutlich sind wulstige, fließende Strukturen zu erkennen. Es sind typische Sohlmarken, die an der Unterseite während eines Trübestromes entstehen.

Der Flysch ist eigentlich fossilarm. Auf manchen schiefrigen Flyschtonen sind verschiedene Kriech- und Weidespuren erhalten geblieben, sog. „Chondrites". Unbekannte Tiefseebewohner durchwühlten den Meeresboden zwischen den einzelnen Ablagerungsereignissen.

Die Röthenbachschlucht ist ein außergewöhnliches Geotop, ein natürliches Archiv der Erdgeschichte. Der Flysch, einst Schutt der Alpen, ist heute ein Teil davon. Heute begleitet er als „grünes Vorgebirge" das kalkalpine Gebirge.

Die Illasbergschlucht

– eine versunkene Schlucht in der Molasse

In der Illasbergschlucht ist die geologische Geschichte des Alpenvorlandes dokumentiert.
Otto Kraus, der jahrzehntelang um die Erhaltung der Wildflusslandschaft Lech gekämpft hat, berichtete 1955 tief enttäuscht,

„dass der Naturschutz damals trotz großer Bedenken und schweren Herzens dem Speichersee nur unter der Bedingung zugestimmt hat, dass die Illasbergschlucht erhalten bleibt, da sie wegen ihrer bedeutenden geologischen Aufschlüsse, ihres Reichtums an ungewöhnlichen Pflanzen- und Tiergesellschaften und ihres einmaligen Landschaftsbildes ein Naturdenkmal ersten Ranges war. Sie bedeutete ein Stück lebendiger Heimat, sie war ein Herrgottswinkel inmitten der deutschen Natur und zwang, wie das Hochgebirge, den Menschen zum Gespräch mit der Schöpfung".

Die geologische Struktur – die Naturlandschaft

Vor rund 35 Mio. Jahren begann sich die adriatisch-afrikanische Platte über die europäische Kontinentalplatte zu schieben. Dadurch wurde der europäische Südrand nach unten gedrückt. Das Molassebecken entstand, das sich bis zur Donau erstreckte. Rund 20 Mio. Jahre lang wurde in diesem Trog der Abtragungsschutt aus dem Gebirge abgelagert. Er wurde zum Wertstoffhof des Gebirges. Durch die Illasbergschlucht suchte sich der Lech seinen Weg ins Alpenvorland.

Blick von Süden auf die Füssener Bucht.

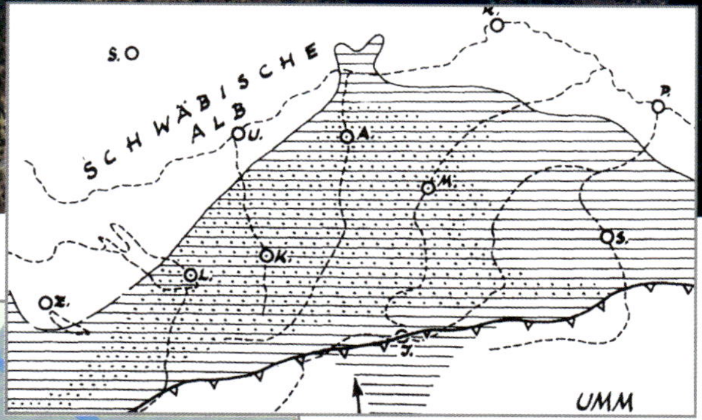

Aus: Scholz, 2016

Ausbreitung des Molassebeckens vor rund 35 Mio. Jahren (Untere Meeresmolasse).

Blick von Osten auf die Füssener Bucht.

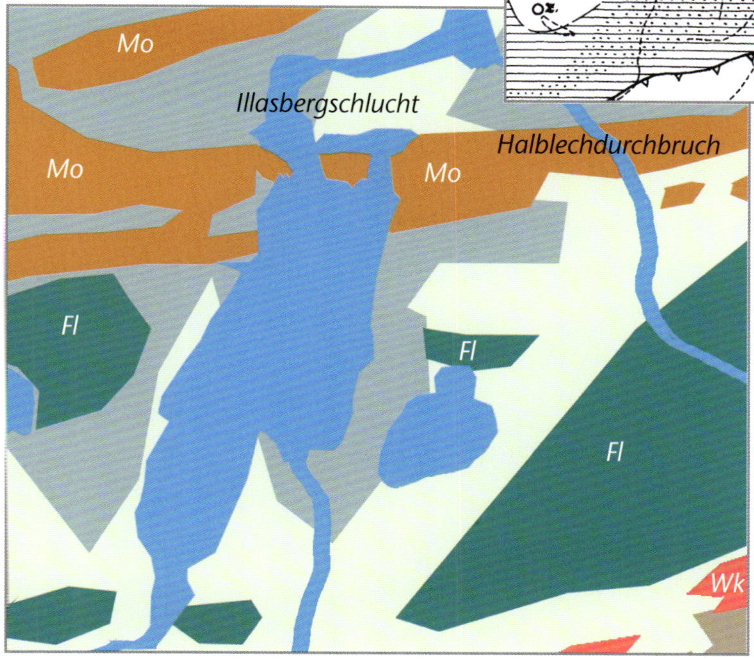

Geologische Übersicht
Wk = Wettersteinkalk
Fl = Flysch
Mo = Molasse

Nach dem Maximalstand des Lechgletschers war die Füssener Bucht bereits vor 18 000 Jahren eisfrei. Zwei Seen bildeten sich: Der Pfrontener und der Füssener See. Die vom Lech mitgeführten Gerölle lagerten sich in diesen nacheiszeitlichen Seen ab. Bändertone und Seekreiden des ehemaligen Füssener Sees werden an verschiedenen Stellen sichtbar. Die Fossilien in den Seeablagerungen belegen, dass dieser langsam verlandende Füssener See mindestens vor 8 500 Jahren noch existierte. Dann brach die Sedimentation plötzlich ab. Der Lech durchbrach am Illasberg den Molasseriegel am Südflügel der Murnauer Mulde. In kürzester Zeit entstand die Illasbergschlucht.

Die berühmte Illasbergschlucht (Aufnahme 1950).

Kajakfahrer in der Illasbergschlucht. Am Eingang der Schlucht lagen die steil gestellten Sandsteine der „Deutenhausener Schichten" (Aufnahme 1950).

In der Schlucht die harten Nagelfluhrippen der „Weißach-Schichten" (Untere Süßwassermolasse). Die Abfolge von weichem Mergel, Sandsteinen und harten Nagelfluhbänken prägten den besonderen Charakter dieser Schlucht (Aufnahme 1950).

Die versunkene Schlucht

1954 verschwand diese ehemals größte Schlucht im Alpenvorland im Forggensee. Aus einer Naturlandschaft wurde eine Kulturlandschaft.

Die berühmte Illasbergschlucht war ein geologisch und ökologisch wertvoller Lebensraum von außerordentlicher Bedeutung (Aufnahme um 1950).

Wenn im Winter der Forggensee abgestaut wird, bekommt der aufmerksame Betrachter noch eine Ahnung vom Charakter dieser Schlucht.

Die Schlucht am Halblech

In kleinem Maßstab, aber morphologisch noch lebendig, kann man am „Halblechduchbruch" die Entstehung einer Schlucht in der Molasse nachvollziehen. Der Halblech schneidet den Südflügel der Murnauer Mulde an. In dieser kleinen Schlucht sind steilstehende Konglomerate, Sandsteine und Mergel der Baustein- und Weißachschichten der Faltenmolasse aufgeschlossen.

Die Konglomerat-Sandstein-Rippe der Bausteinschichten am Schluchteingang.

Diese letzte Konglomerat-Sandstein-Rippe der Baustein-Schichten bildet eine Schwelle im Halblech. In der Schlucht folgen die Weißach-Schichten mit Mergel und Sandsteinen und auch mit Konglomeraten (Nagelfluh).

Am Eingang der Schlucht liegt ein aufgelassener Steinbruch in den Bausteinschichten. An der Steinbruchwand sind prächtige Sedimentstrukturen von Konglomeraten, die auf sandigem Untergrund abgelagert wurden. Die geologischen Verhältnisse vor 28 Mio. Jahren sind hier abzulesen: In das seichte, brackige Molassemeer schütteten Flüsse Kiese über den sandigen Untergrund. Durch den Druck der heranrückenden Alpen wurden sie verfestigt und schließlich steilgestellt. Sogar Wellenrippel wurden versteinert und steilgestellt (Bilder links). Ein eindrucksvolles Geotop (s. LB 1, S. 69).

Ein Gleitschirmflug über diese Berge entlang des Lech ist für mich immer ein Geschenk.
Die unverwechselbaren Bergformen mit ihrer schier unglaublichen geologischen Geschichte
komponieren mit Wind und Wetter eine eigene Melodie.
Ich bekomme eine Ahnung und Respekt vor der Schöpfung, unabhängig von Menschen bestimmten Religionen.
Fliegen heißt, sich auf den Augenblick zu konzentrieren und die Spielregeln der Natur zu respektieren.
Als Gleitschirmflieger beachte ich die Gesetze der Thermik. Ich zentriere oft heftige Thermikbärte.
Im Wechsel zwischen Anspannung und ruhigen Phasen werde ich selber zentriert und geerdet.
Es sind magische Augenblicke, in denen ich glückliche Momente durchlebe.
Ich sammle Augenblicke fürs Leben.

Quellennachweis:

Ampferer, Otto: Wert der Geologie fürs Leben, Verh. Geol. B.-A., 1937.
Ders.: Das geologische Gerüst der Lechtaler Alpen, Zeitschrift des D. und O. Alpenvereins,1913.
Ders.: Erläuterungen zu den geologischen Karten der Lechtaler Alpen, Wien 1932.
Ders.: Glazialgeologische Beobachtung in der Umgebung von Reutte, Verhandl.der k.k. geologischen Bundesanstalt, 1907.
Der Bezirk Reutte – Das Außerfern, Reutte 2004.
Geotope in Schwaben, Bayerisches Landesamt für Umwelt, 2009.
Grieser, G./Nasemann, P./Peresson, M: Der Forggensee, Bilder aus einer versunkenen Welt, 2023.
Gümbel, C.W.: Geognostischen Beschreibung des bayerischen Alpengebirges und seines Vorlandes, Gotha 1861. Im Rahmen der Beschreibung entstanden ab 1851 die sog. „Gümbelkarten" im Maßstab 1:5 000.
Hundert Meisterwerke, Die schönsten Geotope Bayerns, 2012 Bayerisches Landesamt für Umwelt.
Klebelsberg, R.v.: Glazialgeologische Notizen vom bayrischen Alpenrande, Zeitschr. f. Gletscherkunde, 1914.
Lipp, Richard: Außerfern, Innsbruck 1994.
Linser, Peter: Sagenhaftes Außerfern, 1993.
Nasemann, Peter: GEOpfad Pfronten-Vils, Pfronten 2016.
Nasemann, Peter: Tegelberg, Natur, Kultur und Freizeit erleben, 2016.
Nasemann, Peter: Lech im Gebirge, 2015.
Nasemann, Peter: Lebensraum Füssener Lech, Füssen 1994.
Rocky Austria, Geologie von Österreich – kurz und bunt, Geologische Bundesanstalt, 2013.
Scholz, Herbert: Bau und Werden der Allgäuer Landschaft, 2016.
Singer, Christian: Der Plansee: Geschichte einer Landschaft, 1987.
Spötl, Christian: Tropfsteinforschung in österreichischen Hönlen – ein Überblick, in: Jahrb. d. Geologischen Bundesanstalt, 2007.

Geologische Karte:
1:200 000 Blatt Kempten (Bundesanstalt für Geowissenschaften und Rohstoffe).

Bildnachweis:

Alle Bilder: Geoarchiv Peter Nasemann
außer:
Archiv Walz Ernst S. 94, S. 102, S. 104, 192, 194, 195
Dorfmuseum Trauchgau S. 150, 152, 156
Fasser Hans S. 69
Fischer Heinz, Stadt Königsbrunn S. 84, 133, S.143
Flössermuseum Lechbruck S. 140
Oberleitner Andreas S. 78
Wildbach- und Lawinenverbauung
Gebietsbauleitung Außerfern S. 69
Wasserwirtschaftsamt Kempten S. 87

Impressum:

Der Autor: Peter Nasemann

Peter Nasemann, geboren direkt am Lech in Füssen, war Gymnasiallehrer für Geographie und Sport. Der Lech ist seit seiner Kindheit sein ständiger Begleiter. Zahlreiche seiner Veröffentlichungen und Vorträge beschäftigen sich mit geographischen und geologischen Themen im Allgäu und im Außerfern.

Layout: Wolfgang Steger, 87494 Rückholz

Fotos & Bilder: siehe Bildnachweis

Druck & Herstellung: Holzer Druck & Medien,
Weiler im Allgäu 2024

Reise-Idee Verlag Roland Dreyer, Klostersteige 15, 87435 Kempten
ISBN 978-3-934739-71-0

Umwelthinweis: gedruckt auf chlorfrei gebleichtem Papier

Herausgeber: Deutscher Alpenverein, Sektion Füssen